不惊不慌笑对

儿子的

性教育

[韩] 孙京伊 / 著

许英美 / 译

人民东方出版传媒

东方出版社

图字：01-2019-5277

당황하지 않고 웃으면서 아들 성교육 하는 법

Copyright © 2018,Son,Kyung-yi

All Rights Reserved.

This Simplified Chinese edition was published by People's Oriental Publishing & Media Co., Ltd./ The Oriental Press in 2019 by arrangement with DASAN BOOKS CO., LTD.through Imprima Korea & Qiantaiyang Cultural Development (Beijing) Co.,Ltd.

图书在版编目（ＣＩＰ）数据

不惊不慌笑对儿子的性教育 /（韩）孙京伊著；许英美译. —北京: 东方出版社，2019.10
ISBN 978-7-5207-1178-4

Ⅰ.①不… Ⅱ.①孙… ②许… Ⅲ.①儿童教育－性教育 Ⅳ.①G479

中国版本图书馆CIP数据核字（2019）第202114号

不惊不慌笑对儿子的性教育
（BUJINGBUHUANG XIAODUI ERZI DE XINGJIAOYU）
作者：［韩］孙京伊
译者：许英美

策划编辑：鲁艳芳
责任编辑：黎民子
出　　版：东方出版社
发　　行：人民东方出版传媒有限公司
地　　址：北京市东城区朝阳门内大街166号
邮政编码：100010
印　　刷：北京联兴盛业印刷股份有限公司
版　　次：2019年10月第1版
印　　次：2019年10月北京第1次印刷　2023年9月北京第14次印刷
开　　本：880毫米×1230毫米　1/32
印　　张：6.5
字　　数：125千字
书　　号：ISBN 978-7-5207-1178-4
定　　价：39.80元
发行电话：（010）85924663　85924644　85924641

目录

1 因为是儿子，所以才更需要接受性教育

儿子性教育的 10 项核心原则

2 性教育始于父母

青春期之前的 14 种性教育

3 性教育会拉近父母和孩子之间的距离

青春期的 13 种性教育

4　正因为是儿子，所以更需要接受性暴力教育

父母需要知道的 16 件有关性暴力的事项

5　青春期的男孩们会对性抱有何种疑惑

青春期男孩们最常问的 19 个问题

前言一

儿子的性教育应该愉快、平和

从生下儿子的那一刻起，我就下定决心，绝不能将儿子养成像父亲和丈夫那样的大男子主义男人。而为了将儿子养成"好男人"，我开始自发地接触性知识。

在孩子尚未听懂大人说话时起，我就给他讲述有关身体的事情；当孩子在幼儿园有喜欢的女孩时，我也给他传授交女朋友的方法；在孩子出现第二性征前，我就告诉他自慰、遗精等行为现象；而当孩子上初中和高中时，我则与孩子讨论与成人影片和性行为相关的问题。当然，在这一过程中，我会向他灌输正确的性态度和性观念。

就这样，给儿子做性教育的 20 年时光悄然飞逝。在这段时期，就连身为母亲的我也获得了很大的成长。为了教育好儿子，我不断学习性教育和父母教育的相关知识，不知不觉成为一名性教育咨询师。如今，我作为韩国两性平等教育振兴院综合暴力预防特聘讲师已经工作整整 17 年。后来，在 2012 年和 2015 年的时候，我分别荣获女性家族部长官奖和法务部长官奖，同时被评选为优秀讲师，还有幸到美国进修。

不过，最令我自得的无疑是"儿子没有长歪"这一事实。如今，儿子作为我最亲密的"闺蜜"，对于性的问题从来都是直言不讳，因为我们之间有亲密和信赖作为基础。

我将自己和儿子的对话场景录了下来，没想到很多人看过之后都觉得非常新鲜，纷纷回应说"我要是能和爸爸妈妈聊这些内容该有多好""以后我的孩子也能变成这样就好了"等，以至于我还被人们冠以"来自 51 世纪的妈妈"称号。

在爆发"Metoo"反性侵运动后，人们对性教育更加关注起来。一直以来，性暴力之所以猖獗，主要是歪曲的性别格局和性不平等所致。"Metoo"运动爆发后，许多父母都意识到自己的儿子也有可能会成为性暴力罪犯，于是为了防止这一事情的发生，他们逐渐开始重视起性教育。

这也是我撰写这本书的初衷。我希望孩子的父母们能够掌握符合新时代的性教育方法，甚至能够关注一下性别教育。妈妈们通常对于给儿子进行性教育的问题感到非常为难，我希望本书的内容能够给这些妈妈们带来更大的帮助。儿子的性教育应该是一种自然、舒心、幸福、愉快的过程。需知，幼年时期儿子的性教育很可能会左右儿子的人生。

在写这本书的时候，我想到了曾经在性教育讲座里遇到过的那些孩子们。他们给我讲述了很多自己内心的故事。其中，有一些事情就连大人听了都不由感到心酸。而正是有了这些孩子们，我才没有止步于教科书中呆板的性教育，进而摸索出符合新时代的性教育。在这里，我要向他们说句"谢谢"。

另外，我还要向我的儿子孙尚敏表示感谢。正是因为有了他的存在，我才有机会开启性教育专家的人生，进而帮助更多的人直视性暴力和家庭暴力的问题，同时治愈这些孩子们的伤痛；正是因为他经常给我打开崭新的语言世界，本书也才得以面世。

我希望这本书的出版能够给更多的父母带来帮助。

2018 年春天

孙京伊

前言二

介绍我的妈妈

看着正在撰稿的妈妈，我不由开始回忆起她曾经对我进行过的一系列教育。虽说如今的我作为一个平凡的人，拥有很多普通人惯有的坏毛病，但至少在性知识和性观念方面，我自诩获得妈妈的"真传"，比任何人都要端正。

一直以来，妈妈挺身而出为我遮挡当今社会歪曲的性观念所带来的恶劣影响，同时给予我正确的引导。对于我在成长过程中所发生的身体和心理上的变化，她不但表示理解，还帮助我去自然地适应这些变化。而且，她特意给我举办庆祝第一次"遗精"的"尊重派对"，让我能够更加积极地去面对第二性征。另外，当我每次遇到与性有关的苦恼时，她都在一旁从容地引导我，等待着我走向"正轨"。

在这个过程中，妈妈并不会直接告诉我"答案"，而是通过一些提问和讨论，让我能够自行领悟出其中的道理。

多亏了妈妈的付出，我得以在过去的 20 年时间里度过愉快、美好的时光。尽管在这 20 年里，我也闯过不少祸，但正是有了妈妈的正确引导，才有了现在的我。

说了这么多，我发现已不知不觉将自己的妈妈装扮成了一位非常了不起的人。但事实上，她只是一位很平凡的女人，心地善良，多愁善感。而且，我时常喜欢偷懒的毛病，多半是随她。不过，有一点我很佩服她，那就是百折不挠、勇往直前的精神。她是一位迎难而上、遇强则强的人。或许，有一句话比较适合形容她，那就是"妇人弱也，而为母则强"。

自从和妈妈一起拍摄的视频成为热门话题，我也随妈妈上过几次综艺节目。很多看过视频和综艺节目的人，都对我曾经接受过的性教育内容感到十分好奇。我希望大家能够在这本书中寻找到他们想要知道的性教育方法和原则。

作为一个儿子、一个 20 多岁的青年、一个摄影师、一个社会人士，我强烈向大家推荐这本书。

孙京伊的儿子——孙尚敏

1

因为是儿子，
所以才更需要
接受性教育

儿子性教育的 10 项核心原则

对儿子娇生惯养的时代已经过去，在日常生活中对他们灌输性自主决定权和性别敏感性的概念，并让他们付诸实践，开始变得愈加重要。性自主决定权是指自行判断自己性行为的权利，而性别敏感性则指对别人的性的了解和体谅。总之，我们需要将焦点对准在性观念和性平等上。

♂

不惊不慌
笑对儿子的
性教育

原则 1
儿子的性教育，没什么不同

如果儿子问你："妈妈，女孩为什么没有小鸡鸡？"你该如何回答呢？事实上，很多孩子的父母小时候并没有接受过正规的性教育，因此在遇到类似上述的情况时，他们通常不知道该如何作答。尤其，作为女性，妈妈给身为男性的儿子讲解这些问题，难免会感到有些难为情。

但其实，儿子的性教育和女儿的性教育并没有什么不同。因为无论男女，看待性的态度和需要掌握的性知识都是相同的，因此从原则上来说，儿子的性教育和女儿的性教育没必要区别开来。

然而，我们当今社会的现状是，儿子和女儿接受的性教育截然不同。例如对女儿进行的性教育内容有可能会让女儿消极地对待性，或者让她们对性产生一种抗拒心理；反观对儿子进行的性教育内容，则有可能会让儿子养成对性的不负责任的态度，同时还让他们过于在意自己的欲望。另外，人们经常将性理解为性关系，所以教育的内容大都停留在教导女儿防范性暴力和教导儿子不要"闯祸"的阶段。于是，当我们的儿子长大之后，他们对于自己的性和对方的性的了解几乎为零，甚至有可能掌握了歪曲的性知识。

你可以猜猜下面的五个句子分别对应何种情况。我相信大部分妈妈都能猜到，但很有可能，一些爸爸却猜不出来。

①下腹疼。

②有时，后背也疼。

③严重时需要吃药。

④做一些简单的运动可以减缓疼痛。

⑤有些人不会疼。

对，答案就是月经，一个只要是女人就会反复经历数十年的生理现象。不过，很多男人对它都不是很了解，因为他们没有好好接受过性教育或只接受过片面的知识。

我举一个例子说明一下。在学校，女生们经常需要去卫生间更换卫生巾，而有的男生们会对这感到非常诧异："卫生巾不应该在家里更换吗？为什么非得在学校更换？"他们以为女生每天更换一次卫生巾就够了。

我还听说，有一些男生认为经血是蓝色的。你知道他们为什么会有这样的想法吗？因为卫生巾广告里经常出现往卫生巾上倒蓝色液体的画面，所以他们认为经血就是蓝色的。

我们再看一下其他事例。一个女孩与男友约好周末一起去旅行，可是没想到突然来了月经。女人都知道，月经的周期并不是完全固定的，假如身体疲惫或情绪变动较大，是有可能提前好几天到来的。

然而大部分男生都不知道这些情况。于是，那个男朋友对那个女孩生气地说："你就不能忍几天吗？要是不想跟我去旅行就直说。"原来女孩的男朋友以为月经可以像憋尿一样憋一段时间。

从女孩的角度来说，这无疑是非常荒唐的。不过话说回来，要是月经真的能够憋一段时间该有多好！可惜对女孩来说，这只是一种奢望。最终，这名女孩在失望之余，选择了跟男朋友分手。

月经只不过是一个简单的事例。事实上，很多男生对女人身体的了解实在是太有限了。关键是男孩们很少会学习有关女性身体的知识。他们所谓的性知识大多来源于一些成人电影，所以当他们长大后在与女人发生性关系的时候通常只能模仿成人电影的情境，而缺乏对一些基本常识的了解。

当前儿子们的性教育状态，我们可以将它比作是一根倾斜的木棍。想要将已经倾斜的木棍重新摆放，我们该怎么做呢？对，我们得往相反的方向拉扯。从这种角度上来说，儿子的性教育应该与女儿的性教育区分开来。这种不同并不是指原先的那种不同，而是指要用另一种角度进行教育。

只有父母的意识发生转变，认为有必要改变先前的性教育方法，儿子才有可能成长为一个"好男人"。以前，即使我们的儿子变成大男子主义男人，社会氛围方面仍觉得这是有"男子汉气概"的表现，因而进行追捧。然而，随着时代的进步，人们对"好男人"的定义也渐渐发生了转变。

在对儿子进行性教育的时候，我曾对月经的情况讲述得非常仔细。后来有一次，儿子上小学五年级的时候，同桌的女孩来初潮，弄湿了裤子。同班的男孩看到之后纷纷嘲笑、捉弄那个女孩子，只有我儿子脱下自己的上衣帮女孩子进行遮挡，还体贴地将她带到医务室。之后，儿子给那位同桌女孩写信说："祝贺你来初潮，并成为一个成年人。不要理会其他孩子们的嘲笑，校医老师会告诉你是怎么回事。"

只有女孩子才会明白这样的行为有多么令人感激。后来，女孩子的妈妈还为此给我写了一封感谢信。

怎么样？这件事是不是很值得我炫耀？你们也应该培养出这样的儿子。你们要传授他们能够陪伴女生并成长为一个"好男人"的方法。我相信你们也可以做到。

原则 2
父母需要先接受性教育

性教育并不仅仅是孩子们自己的问题。归根结底，父母需要先接受性教育的情况其实更多。让我们来猜一猜下面五个句子对应哪些生理现象吧。

①持续很久会很危险。

②如果无法做到，说不定要吃药。

③男子早上起床后发生的现象。

④阴茎充血的现象。

⑤阴茎变得坚硬起来。

对，这就是勃起现象。我们的身体上发生的生理现象都很有趣，其中就包括勃起。勃起时，灌注到阴茎的血液是平时的九倍左右，因此阴茎才会变得坚硬起来。

不过，勃起现象未必就和性冲动有关。早上的时候，阴茎也会自然勃起；另外，即使是在很小的孩子身上，也有可能出现勃起现象。知道青春期的男孩每天要勃起多少次吗？正常的男孩每天的勃起次数有4-5次，最多的时候甚至能达到12次之多。

关于勃起现象，有一件事情，我们必须要告诉孩子：那就是氧气不足时，阴茎也会勃起。在学校，很多孩子都会在上课时趴在书桌上睡觉。可是到了课间活动时间，他们若是突然站起来，就很有可能发生勃起现象。因为维持不舒服的姿势睡觉会导致他们的身体供氧不足。另外，上学或放学的时候，在满员的公交车上，他们的身体也有可能出现勃起现象。因为太多人挤在狭小的空间里自然就会造成氧气不足。

然而，很多父母都偏激地认为勃起就是性冲动的表现。父母的认知都错了，自然就无法正确地教导孩子。甚至，有些父母告诉孩子，勃起时只要到卫生间小便就能让其消下去。

荒唐的事情不止于此。我给大家讲一个曾经在BBS留言板上看到过的故事。一位妈妈在得知儿子梦遗的事实后一下子慌了神，于是在跟丈夫商议一番之后，先是撤掉家中的电视和电脑，然后直接用绳子捆住了儿子的生殖器。要知道，这是典型的儿童虐待。睡眠中出现精液溢出的现象是再正常不过的事情，这其实是儿子健康成长的证明。

不过，父母们不知道这种知识也情有可原，毕竟他们的时代并没有如何重视性教育，而且哪怕接受过性教育，大都也只停留在如何让女方怀孕、如何守护贞洁等表面的教育阶段。因此，哪怕从现在开始，父母们也必须认识到自己的不足，从而唤醒想要学习性知识的念头。我们必须终止因掌握错误的性知识而给孩子们带来伤害的恶性循环。

原则 3
有关性的对话，
要从孩子出生时开始进行

　　性教育并不仅仅是传授性知识。总的来说，性教育是以"关系"教育作为前提条件的。正如之前所说的那样，它是通过在家庭日常生活中与家人们的对话，即通过一种持续、一贯的训练而形成的。能做到这一点的只有父母或负责养育孩子的人，因此性教育注定要先从家庭中展开。

　　如此一来，父母具体掌握多少性知识就显得尤为重要。当然，父母所掌握的内容也没必要像专家那样透彻。当孩子询问父母一些问题时，父母极有可能回答不出来。遇到这样的情况，父母只需承认自己的不足，再与孩子一起查找答案即可。在日常生活中对他们灌输性自主决定权和性别敏感性的概念，并让他们付诸实践，开始变得愈加重要。性自主决定权是指自行判断自己性行为的权利；而性别敏感性则指对别人的性的了解和体谅。总之，我们需要将焦点对准在性观念和性平等上。对此，我们稍后会进行更加详细的讨论。

性教育需要分成孩子 2~4 岁、小学五六年级、初中二年级、高中一年级等多个阶段进行。因为我们需要着眼于孩子产生好奇心理的时期、出现第二性征的时期，以及产生恋爱冲动的时期。当然，这只是从狭义上理解性教育阶段的区分。若是再扩大一下范围，那么完整意义上的性教育，被认为应该从孩子诞生的那一刻开始进行也不为过。

父母们往往都很重视孩子的胎教。他们会给胎儿念书、讲述自己的事情、放音乐听，但他们也知道肚子里的孩子不见得能听懂这些，只是他们认为早早地与孩子进行交流可以给孩子带来积极的响。

性教育也是同样的道理。我们不应该有"等孩子到了一定年纪再开始进行性教育"的念头，而是要从孩子还不能听懂大人说话的时候就开始展开性教育。

例如看到宝宝尿了，就说："我的好儿子尿尿了吗？"在给儿子更换尿不湿的时候，对他说："湿湿的，很难受吧。妈妈马上给你换上干爽的尿不湿哦。"又或者，在亲儿子之前，先求得儿子的同意说："我的好儿子从来不挑食。妈妈真的是爱死你了。妈妈可以亲你一下吗？"这些均属于性教育的范畴。可以说父母对待儿子身体的方式或态度，都可以被看作是一种性教育。

实际上，我就是这么做的。不论孩子听不听得懂，我们都需要这么做。起初孩子肯定听不懂我们在说什么，但只要父母不停地重复这一过程，那么长此以往，孩子的心中就会萌生对自己身体的意识和自己的身体属于自己的念头。记住，性教育要从出生的那一刻开始展开，并在日常生活中持续进行。

不过，很多父母都担心孩子接触性相关问题的时间太早，反而会刺激他们产生对性的好奇心理。

我听过这么一个事例。某个孩子经常向爸爸妈妈询问男女身体的差异。很明显，这是孩子开始对性产生好奇的信号。于是，爸爸妈妈就到书店给他买了一本性教育图册。然而孩子在拿到这本书后就对其他的书彻底失去了兴趣，整天只盯着那本性教育书看，尤其喜欢看书中画有生殖器的图片。爸爸妈妈担心孩子太早对性产生好奇，就将图册给没收了。父母们所担忧的性教育的反效果，无非就是孩子对性产生过度兴趣，以至于整天只想着跟性有关的事情。

性教育出现反效果的情况大致可以分为两种：

一种是父母不考虑孩子所处的成长阶段，只根据自己的判断给孩子灌输过多的情报。"既然孩子都这么大了，那给他讲解一下这种程度的内容应该没问题吧？"这种行为是最不可取的。我们不可以根据自己的猜测做出决定，而是要根据与孩子的对话内容做出判断，再进行不同阶段的性教育。最好的方法是当孩子向父母询问与性相关的问题时，父母对此做出反问。

我称这种对话方式为"乒乓球对话"。就像打乒乓球时，球在两名选手之间不断重复来回的过程，而乒乓球对话指的就是父母和孩子之间不断提问和回答的过程。这句话听起来可能有点复杂。简单来说，就是父母不一味地询问，孩子也不一味地回答，而是彼此你来我往、相互进行提问和回答。

另一种是在性教育的过程中，不强调"自己身体的主人只有自己"的性自主决定权教育，只单纯地给孩子灌输性知识。刀既可以成为有用的工具，也可以成为伤人的武器，因此我们在给孩子传授用刀的方法时，还要教导他们不可以伤人的道理。在传授性知识时，我们同样需要给孩子灌输正确的使用方法，也就是性自主决定权教育。我们的身体很珍贵，所以作为身体的主人，我们有权利为自己的身体做主，而同样的，我们也要尊重他人的身体。

这样的方法在孩子处于青春期时同样适用。要不要教孩子避孕的方法？会不会适得其反刺激到孩子的好奇心理，让孩子对性行为产生渴望和冲动呢？很多父母都担心这个问题。然而归根结底，教导避孕方法是非常有必要的。

在对孩子进行性教育时，只告诉他们精子和卵子相遇就会诞生宝宝，无疑是一种不负责任的行为。女性和男性发生性关系后，并不一定就会怀孕。相比精子和卵子相遇的情况，因避孕行为，无法怀孕的情况更多。因此，父母同样需要传授孩子避孕的相关知识，即必须告诉孩子，假如男性和女性没有怀孕的计划，是可以阻止精子和卵子相遇这个事实的。作为性教育讲师，我遇到过很多各个年龄段的孩子，发现接受过正确性教育的孩子们往往不会对性拥有太大的好奇心；反而对性一知半解的孩子们更容易将自己的想象力发挥到奇怪的地方。

原则 4
性教育的出发点是先开口聊日常

　　想要做好一件事情，我们需要有一个可以参照的榜样。而现在很多父母感到苦恼的问题就是，自己都从未接受过正确的性教育，又何谈能教育好自己的孩子。

　　事实上，我们没必要感到别扭和难为情，性教育其实非常简单。我们只需跟他们聊一聊"日常"即可，没必要非得谈论性的问题。

　　若我们毫无征兆地突然跟孩子们讲一些与性有关的事情，你觉得他们会高兴地认为这是父母关心自己的表现吗？不，他们反而会觉得尴尬，从而对你做出"哎呀，干嘛突然跟我说这些"的反应。正因为如此，我们应该用聊日常的方式展开性教育。这个话题可以是孩子身体上的变化，可以是孩子与朋友们玩耍的内容，也可以是孩子在学校里的听闻。不过，让孩子们感到有压力的成绩问题最好排除在外。

另外，我们可以谈论一下作为父母自己的事情。大家或许会觉得孩子从不关心自己父母的事情，但事实上，他们非常好奇，只不过不会轻易表露出来而已。因此哪怕每天只有五分钟，我们都要坚持与自己的子女们聊一些日常生活中的事情。

大家觉得小时候父母说过的话中，最令自己感到气愤的话是什么呢？我最讨厌的一句话就是："你一个小屁孩懂什么？反正听爸爸的就没错！"当时，我很难理解，为什么明明爸爸也有可能犯错，但就是不愿意听我的解释，只坚持自己的意见呢。于是到了后来，我开始无视父母的话。你问为什么？因为是父母先无视了我的话。过了很久，当我成为孩子的妈妈时，我就下定决心绝不会无视自己孩子的话。

因此，在孩子还很小的时候，我就对他说："很多东西，妈妈也有可能不知道。妈妈并不是全知全能的存在，所以你也不要认为妈妈的话就是对的。如果你不认可妈妈说的话或觉得妈妈说的话不对，那你就告诉妈妈。说不定以后你知道的比妈妈还多。到时候，你可要好好教妈妈呀。现在妈妈知道的比你多，所以妈妈也要教你。我们要相互学习。每个人都是在不断地向别人学习的过程中进步的。"如今，我的儿子已经23岁了。20多年来，我一直不停地对他重复着这句话。

大家认为我的儿子有没有可能会无视我呢？是的，他没有无视我。我觉得这种方式才是父母和孩子之间形成沟通的基础。

孩子的父母其实都想跟孩子多进行交流，但想要让孩子主动开口，父母就得先放下自己的威严。父母也可以跟孩子讲述自己的烦恼，我们也没必要只讲一些好的事情。只有父母先跟孩子透露自己的烦心事，孩子才会跟父母讲述自己的烦恼。需知，世上不存在百分百完美的父母，更不要试图成为这样的父母。只有父母承认自己也不够完美，孩子才会放心地接近父母，主动道出自己的过错或心中的烦恼。

其实，这就是性教育的起点，即用日常聊天的方式打开孩子的心扉。若不能做到这一点，父母们就无法打开步入性教育的大门。

反之，能够大大方方地谈论性相关话题的父母和子女，即使面对其他话题，也能聊得津津有味。这等于是父母和子女通过交流性相关话题的过程，获得了任何事情都能共享的亲密感。

不过，这里面最重要的还是时机。孩子们在成长过程中会通过媒体、同龄人、学校等途径接触很多危险、歪曲的性知识。当孩子有了主见，向父母关闭心扉时，再跟孩子讨论性知识反而会让他们越发疏远你。因此，性知识的灌输要从小时候开始进行。只要父母在适当的时期提供正确的情报，就能防止孩子受到歪曲性知识的不利影响。即为他们制造"过滤装置"，使得他们能够明白：什么是正确的性，什么是错误的性；什么样的性知识对自己有帮助，而什么样的性知识对自己有害。

有些父母告诉我，其他事情，自己都能够与儿子进行沟通，但唯独有关性的问题，他们不知道该怎么开口。这样的家庭往往有一个特点，那就是父母觉得自己跟孩子沟通没问题，但孩子却认为自己很难跟父母进行沟通。

如果孩子真的能向父母打开心扉，愿意与父母进行交流，那他会很自然地提及与性相关的话题。因此，若是孩子从来都不对父母提及这些，那父母就得好好检讨一下自己了。

原则 5
性教育的核心并不是性知识，而是"性自主决定权"

　　我们不可以将性教育看作是单纯地传授性知识的过程。性教育不仅仅是给孩子传授与生殖器相关的知识和功能，而有着更加深远的意义。性教育的目的在于帮孩子培养健康的性习惯、维持健康的人际关系。

　　你听说过"性自主决定权"这个概念吗？它可以解释为我的性相关行为的决定权在于我自己。即对于是否要与这个人做爱、答应还是拒绝对方的亲吻等行为，只有自己的判断才是准则。

　　初次接触"性自主决定权"这个概念时，人们普遍会觉得它是理所当然的事情。然而当我们仔细分析就会发现，平时能够行使自己的性自主决定权和能够尊重他人的性自主决定权的情况其实非常少见。

我举例说明一下。韩国曾经播放过的电视广告中就有这样一幕场景：

妈妈：（看着正在吃饭的儿子问）我家的宝贝儿子是属于谁的呢？

儿子：嗯……我是属于小英的。

你们觉得这个场景里"小英"指的是谁？

如果回答是"儿子的女朋友"，那就说明你的思想深受当前文化的影响。小英应该是儿子本人，这才是正确的。即这孩子是在说"我是我自己的"。我的身体既不是妈妈的，也不是女朋友的，而是理应属于我自己的。

大家或许觉得"小英"听着很像女孩子的名字，因此才回答说是儿子的女朋友，但事实上，这也属于一种偏见。

假如将这段视频播放给幼儿园的小朋友们看，再询问画面中儿子说的"小英"是谁，大部分孩子或许都会指着视频中的儿子说"是他"。因为他们还没有受到现有文化的影响。可是若不能受到正确的性教育，不久之后，这些孩子说不定就会和大人们一样回答说"是他的女朋友"。

事实上，这则广告片段中的"小英"确实是儿子的女朋友。因为广告的前半部分里会出现儿子的名字。不过，这也说明设计这则广告的人缺乏对性自主决定权的认知。说实话，当初看到这则广告的时候，我很惋惜人们将它看作是妈妈和儿子之间常有的互动。我可以明确地告诉大家，在性教育过程中，多媒体教育也是重要的教育内容之一。

这种广告的出现也从侧面说明我们的社会尚未普及对性自主决定权的认知。我们必须将性自主决定权视为性教育的核心内容。

不过，如果让我来说，我更愿意将"自主决定权"视作性教育的核心内容。因为自主决定权不仅适用于性相关行为，还适用于平时的任何行为。试想，如果其他行为不需要依靠自己的判断，性相关行为还可以做出自己的判断吗？这显然不合理。性自主决定权只能算是日常生活中积累的自主决定权的延续。

原则 6
不能局限于性教育，
还要进行"性别教育"

　　提起布娃娃玩具，你会想起什么场景？也许，你会想起女孩子们聚在一起玩娃娃的场景。至于男孩子玩娃娃的场景，你可能很少会联想起来。让我们再来看看娃娃们的长相吧，拥有修长身形的白人娃娃，让人怀疑世上是否真的存在这样的人。

　　我曾经在欧洲看到过某个玩具企业的广告，广告的内容令我大为吃惊。同样是玩布娃娃的场景，里面不仅有女孩子，还混着一些男孩子，而且我还看到里面有个男孩子正在用针线缝东西。

　　看到这样的广告，你会不会感到有些别扭？与我们相反，孩子们反而没有这样的偏见。他们不会有抗拒的心理，而是会很自然地接受它。不过，假如是父母们看到这一幕，多半会阻止孩子说"你一个男孩子玩什么女孩子玩的东西"或"男孩子就应该有男孩子的样子"。

在英国，还有一个团体主张：不论性别，要保障让孩子们玩自己想玩的玩具的权利。在欧洲旅游时，有一件事情让我印象颇为深刻：超市里卖的娃娃都是成套的，里面不但有女性娃娃，还有男性娃娃。这说明无论男孩或是女孩都可以玩这些玩具。另外，不仅仅是性别问题，玩具还照顾到其他问题，因为那里不但有黄种人、黑人、白人娃娃，甚至还有失去大腿的残疾人娃娃及轮椅玩具。

一直以来，我们都将"儿子应该养成男子汉，女儿应该养成淑女""儿子的东西是蓝色的，女儿的东西是粉色的"当作一种"美德"。然而根据研究结果表明，孩子出生时除了身体上的差异，并不存在其他性别差异。只是随着成长，他们因"男子汉不可以轻易流泪""女孩子要乖巧"等社会性期待，出现了二分法式的区分。

最近"性别（Gender）"一词开始受到人们的关注。这里的性别指的是在社会文化方面的性，而并非生物学方面的性，即这里所说的性别是一种强调"女性性和男性性并非天生"的表现方式。因此，人们大可展现自己的个性，而不用再恪守现有的性固有观念。

所谓的性别教育就是矫正现有的二分法式分割及扭曲的思想，同时培养男性和女性真正理解和尊重对方的性别敏感性的教育方式。另外，也不能将孩子的可能性圈定在偏斜的男性角色和女性角色里，要让孩子能够正常发挥出自己具备的个性。

如今，需要将儿子养成"男子汉"的时代已经快要终结。一直以来，儿子就应该有"男孩样"的偏见，使得我们养出无数缺乏性别敏感性的男人。正因如此，我才会认为性教育的范畴要包含性别教育。

从现在起，父母们一定要记住：女性性和男性性绝非本质或天生。我们不应该因为他是男性就逼迫他按照符合性别角色设定的方式成长，而是要帮助他形成自己独有的个性。

原则 7
检测父母自己的性别敏感性

事实上，在人类历史当中，性别问题成为热门焦点，人们为性平等付出努力并得到回报也是近期的事情。就连性平等指数最高的瑞典、挪威、芬兰等北欧国家中，导入女性参政权也不过是百余年前的事情。美国也是在 1920 年才导入女性参政权的。

韩国是 20 世纪 60 年代之后实现工业化和近代化最快的国家之一，因此，相比经济规模，市民意识、福利指数等方面离预期值尚存在一段距离，其中就包括性平等意识。

当然，与以前相比，韩国的性平等意识确实有很大的进步。例如在以前，性暴力被当作与女性的贞操、纯洁有关的问题；而如今，性暴力已经重新被定义为与人类的性自主决定权有关的问题。除此之外，约会暴力、婚内强奸、跟踪骚扰等行为也被归类为违法行为，而不像之前那样被视为是爱意的表达方式。不过，这并不意味着性暴力问题就得到了解决。

现在的韩国处于性平等社会的过渡期。如果正在阅读这本书的父母们处于 30 岁至 40 岁期间，那么大家对自己小时候的情况和现在的情况进行一番比较就会发现：在性平等方面的认知虽然得到了许多改善，但仍有一些固有的思维，让我们感到很不痛快。

在这种过渡期里，我们的儿子不但要在性平等意识比以前更强烈的社会中适应并生活下去，还要做好迎接性平等意识更强的未来社会的准备。

因此，想要让儿子适应社会，进而引导变化，父母就得比孩子先一步强化自己的性别敏感性。因为父母平时在家里显露出来的性别意识会原封不动地传递到儿子身上。

你可以想想，自己平时是不是下意识地对儿子说过以下几句话。

你是否经常对儿子使用"你是儿子""你是个男孩子"等类似的话语？你是否在看电视剧的时候说过"身为男人怎么可以这样""女孩子怎么能这样"之类的话？当你看新闻的时候，是否对画面中的女性做过"哎，长得真难看""这妆化得跟鬼似的"等评议外表的发言？你是否在接触性暴力相关的新闻时，用"是不是有点小题大做了""说不定是自己勾引的"等言辞责备受害人，同时还曾维护过加害者的立场？

父母要检讨一下自己在孩子面前维持着何种性别格局。

承担大部分家务的是不是爸爸妈妈中的某一个人？逢年过节的时候，忙碌的是不是只有一个人？爸爸妈妈有一起参与育儿过程吗？爸爸和妈妈之间有没有用"身为男人怎么怎么样""女人就是多事"等话来攻击过彼此？

这样的问题不应该自己一个人研究，而是要与配偶一起检讨。因为父母当中往往只有一人存在问题的情况很少见。

抛开性别敏感性谈论性教育没有任何意义。这就好比只将性知识储存在脑子里，而不懂得运用，即等于没有接受安全教育就学开枪。为了能够让儿子适应变化更大的未来社会，父母也要一起努力。

原则 8
让孩子拥有能够理性看待性的眼光

　　提起"性"，大家通常会想起什么词汇？如果现在到幼儿园对六岁的孩子们进行提问："说到'性'，你们会想起什么？"你们猜孩子们会如何回答？大部分的孩子都会回答说："精子、卵子。"当然，也有孩子会回答说"怀孕""结婚"。怎么样？是不是感受到了时代的差距？至少它说明现在的性教育比以前要活跃。

　　不过，偶尔也有孩子会回答说"色情片""变态"等。如果问他们是怎么知道的，他们就会说"朋友那里听到的""哥哥告诉的""网上看到的"。不过，若让他们说得更清楚一点，他们又解释不清楚。这就和不知道脏话的内容却喜欢说脏话是差不多一样的心理。

　　下面给大家看一下数年来我与孩子们交流时收集到的一些词汇：

提及"性"时会想到的词汇——身体上的、肉体上的

家族、男女、避孕、性交、自慰、射精、精子、月经、生理、小鸡鸡、荷尔蒙、色狼、避孕套、洞洞、sex、kiss、baby、怀孕、婴儿、胎教、胎儿、诞生、生命、高潮、同床共枕、子宫、排卵期、大人、妈妈、家庭、异性、卫生纸、阴茎、打飞机、勃起、爱抚、手淫、遗精、精液

提及"性"时会想到的词汇——心理上的、精神上的

有益健康、恋人、交往、纯洁、要小心、害怕、神秘、男女接触、分享、关爱、性关系、背叛、珍贵的、快感、恶心、好东西、太色情、害怕、未婚妈妈、美丽、身体接触、初夜、创造、幸福、未婚先孕、上床、力气、夫妇、贞操、慎重

怎么样？是不是感到很惊讶？孩子们对性的兴趣和了解往往比大人想象的还要大、还要多。

大家也可以问问自己的孩子相同的问题。如果孩子做出"有利于健康""愉快"等回答，就说明孩子所了解的是性的积极、快乐的一面；如果孩子做出"恶心""色狼"等回答，则说明孩子所了解的是性的消极、破坏性的一面。大体上，大部分男孩都趋于前者，而大部分女孩则趋于后者。

无论孩子了解的是性的积极的一面还是消极的一面，其实都不见得是什么好事。因为人必须理性地看待性，即积极的一面和消极的一面都要了解到。因此，对于了解性的积极的一面的孩子，我们要告诉他性的消极的一面；而对了解性的消极的一面的孩子，我们则要告诉他性的积极的一面，即他对性的了解必须是客观、平衡的。

　　当然，性并不是什么坏事情。事实上，它是一件非常美好的事情。只要我们能够健康地运用它，它就能给我们带来快乐和心理上的安定。不过，世界上也存在坏的一面，性犯罪就是一个负面的例子。性本身并不坏，但人们若是将它用于不好的事情上，那它就是犯罪。因此，我们要帮助孩子从小开始了解性的两面性。

原则 9
不应该使用"有、没有"，而是应该使用"都有"来唤醒孩子的性平等意识

生活当中，我们经常可以看到男孩嘲笑女孩说："你没有小鸡鸡。"单凭这样的对话，我们就可以猜出孩子在家中受过什么样的教育。他必然在家中听过"爸爸有小鸡鸡，妈妈没有小鸡鸡"之类的解释，然后自然而然地产生男性有小鸡鸡所以优越，而女性没有小鸡鸡所以劣等的意识。这种解释不但是错误的性知识，还是以男性为主的性别歧视意识。

也许在父母的年代里，说"男人有小鸡鸡，女人没有小鸡鸡"并没有什么不妥。然而就像上述的情况，我们日常生活中对于性别歧视的描述实在是太多了。

举个例子说，在韩国，有"女演员""女记者"的称呼，但并没有"男演员""男记者"的叫法。另外，有"女军人""女警"等称呼，但不存在"男军人""男警"等叫法。最让人感到诧异的是"女流作者"这个称呼。如果称呼为"女作者"也就算了，但偏偏就称呼女性作者为"女流作者"，不免让人感到匪夷所思。当然，在韩国也不存在"男流作者"的称呼。孩子们上的学校名称也不例外。只收女孩子的学校叫"女中""女高"，特意加上了"女"字，但只收男孩子的学校也不见得会叫"男中""男高"，而只是称呼为"初中""高中"。

那么女性身上对应男性小鸡鸡，即对应阴茎的部位是什么呢？当遇到这样的提问时，孩子们或大部分男性都会回答说对应小鸡鸡的是子宫。然而正确的答案却是阴道。因为在上课时学到的是子宫，老师又很少会提及阴道，所以他们不知道也是理所当然的事情。

正因如此，我们不应该说男性有小鸡鸡，而女性没有小鸡鸡；而是应该说男性有阴茎和睾丸，女性则有阴道和卵巢。怎么样？改变了一下说法，是不是有种女性不再是没有小鸡鸡的劣等存在，而是一个拥有与男性不同生殖器的存在的感觉？只有人们具备这样的意识，男女之间才会相互尊重。

从现在开始，我们需要用"都有"的方式，培养孩子们男女平等的性平等意识。

原则 10
给一个孩子做性教育，需要动员整个村子

在韩国，有一句话叫作："养一个孩子，需要动员整个村子。"意思是想要养好一个孩子，单凭父母力有未逮，因此需要邻居和整个地方社会的配合。

我想将这句话改为："给一个孩子做性教育，需要动员整个村子。"在给孩子展开性教育的过程中，父母的作用最为重要，但周边的人群和地方社会同样会起到很大的作用。因为人从很小的时候开始就已经是一个社会性的存在了。

近年来，很多父母会在孩子很小的时候就把他们送到托儿所，而等孩子稍微长大又会把他们送往幼儿园。过去，人们认为至少孩子上小学之后才可以对他进行性教育；然而到了现在，即使是在托儿所或幼儿园也会对孩子进行性教育。而且就连父母们的观念也发

生了很大的改变，在过去，如果托儿所里给孩子讲解性知识，父母们就会埋怨"太早了"，但如今支持这一点的父母越来越多。

父母们应该多关注托儿所或幼儿园中的性教育课程，确认所谓的性教育是否是用来打发时间的应付式教育；或者，虽然会传授性知识，但老师在平时会不会习惯性地表露出"你一个男孩……""女孩子就应该"等过时的固有观念等问题。

在养育孩子的过程中，很多父母都会接受老人们的帮助。因此，事实上在很多家庭中，孩子的祖父母才是他们的实际养育者。育儿专家们告诉我说，如果是上述情况，那父母就不应该过多干涉祖父母的养育方式，而是要选择尊重他们的养育方式。只不过对于实在看不过去的方式，则可以通过沟通达成共识。不过，作为性教育讲师，我认为祖父母的性别敏感性是必须要点明的地方。

在父母们的成长时代，社会环境中的性别敏感性远不如现在这样得到重视；而在祖父母们的成长时代，社会观念中的性别敏感性比父母们的时代还有所不如，以至于很多祖父母尚未接收到当前社会的变化，甚至依然停留在过去的意识当中。他们经常会对孩子说"男孩子玩过家家会掉小鸡鸡""你一个女孩子怎么比男孩子还野"。即使父母再想给孩子进行正确的性教育，若是祖父母的性别敏感性显得不足，那孩子很有可能会产生思维上的混乱。

对于这种问题，我想劝告各位一定要与祖父母好好商量。大家要先充分认可祖父母的付出和辛苦，然后再一起谈一谈祖父母对性教育的想法和存在的意识问题。

2

性教育始于父母

青春期之前的 14 种性教育

我一直在向孩子传递我尊重他的心情和判断的信号。这样可以让儿子进行思考和判断"现在我需要的是什么""现在的心情怎么样"的练习。事实上，哪怕孩子没有掌握一些细微的知识或技巧，问题也不大。毕竟其核心是自主决定权和尊重。

不惊不慌
笑对儿子的
性教育

儿子的性教育 1
性教育要从身体教育开始

　　什么？一想到儿子的性教育就急得团团转？其实，所谓的性教育没什么特别，你可以将它看作是一种身体教育。教导刚出生的婴儿识别自己身体的存在，其实已经算得上是性教育的开端。

　　到了早上，婴儿睁开眼睛，父母就帮他洗漱。这时，我们可以对他讲一下有关身体的事情，例如，"我们用热水洗脸吧。洗洗鼻子，刷刷牙齿。刷刷……"另外，给孩子按摩手臂和大腿的时候，又对他们说："来，伸一下大腿，让我们快点长个子。举起手臂，做个万岁的动作。"孩子撒尿，需要给他更换尿不湿的时候，我们也可以说："小鸡鸡尿尿了。"

　　等孩子长大，能够听懂大人说话，同时能够一定程度上表达自己内心的意向时，我们就应该多向孩子提一些寻求许可的问题。例如，我就很喜欢亲亲儿子的手背。每当亲吻他手背时，我就会对他说："哎呀，我的儿子胃口真好。来，让妈妈亲一下！"这时，儿子就会咯咯大笑。我又问他："要不要妈妈再亲一下？"如果儿子发出欢快的笑声，我就继续亲吻他的手背。

另外，我想抱儿子的时候就会向他张开双臂。如果儿子跑进我的怀中，说明他答应了我的请求。如果儿子不跑进我的怀抱，我就会马上放下手臂，然后对他说："怎么？现在不想和妈妈抱抱吗？好，我知道了。"如果儿子的表情显得闷闷不乐，我也会询问他："为什么不想和妈妈抱抱？是不是心情不好？"这时，儿子就会说："今天在幼儿园，我跟同学打架了。他……"而我就会仔细地倾听他说的话。

我之所以这么做，是为了向儿子发出我尊重他的感情和判断的信号。这样可以让儿子进行思考和判断，进行"现在我需要的是什么""现在我的心情怎么样"等练习；同时能够向儿子转达"你身体的主人是你自己"的信息。

孩子不一定始终喜欢父母的亲近。即使是父母，如果一天工作太劳累，回到家中也会产生不想抱孩子的心情。同样，当孩子心情不好时，也会哭着拒绝父母的亲热。即使孩子不会说话，他也会通过声音或表情来表达自己的情绪。如果孩子表达喜欢的意向，你可以跟他亲热；但如果孩子生气或哭泣，你就不应该跟他做出亲密的举动。你也可以向儿子道歉说："对不起，妈妈不知道你现在不想亲妈妈。"

事实上，在父母的眼中，孩子皱着眉头拒绝的样子也会显得非常有趣和可爱，因此即使孩子表现出不愿意跟父母亲热的样子，父母多半也会强行亲吻他。作为一个儿子的妈妈，我同样理解这种心情；但大家要明白，这种行为是不可取的。对于孩子来说，这是一种了解自己意向的宝贵经历。而在这过程中，父母同样可以进行尊重孩子判断的练习。

儿子的性教育 2
家人之间有身体接触时，也要做尊重对方的练习

　　妈妈是孩子感到最安心、最好欺负的存在，因此孩子往往会对妈妈做出一些性相关的行为，例如，经常想要摸妈妈的胸。遇到这种情况，妈妈们就会陷入苦恼当中，不知道该放任他，还是阻止他。事实上，我虽然将它描述成性相关行为，但从孩子的角度来说，它并非是出于特别的意图。只能说这是一种表达喜欢感情的表现方式。正因为如此，妈妈才会感到左右为难，不知道究竟该如何处理这件事情。

　　如果按照性自主决定权的原则来判断，这并不是什么难以抉择的问题。自己身体的主人永远是自己，因此其他人想要抚摸你的身体，就必须得到你的允许；同样，我想要抚摸别人的身体，也需要得到别人的允许。而家长必须不停地让孩子进行这样的练习。

看到孩子将手伸进妈妈的衣服里，妈妈就要对孩子说："宝贝，这是妈妈的东西。你摸之前得获得妈妈的同意，所以你应该先问妈妈：'我可以摸妈妈的奶奶吗？'"然后再允许他摸妈妈的胸。此外，妈妈也可以附加一些条件，例如，"只能摸一分钟""妈妈现在很忙，等十分钟后再摸"，等等。

孩子们大都具有害怕父母会不再爱自己的担忧心理，因此父母们担心自己拒绝孩子亲热的行为会给孩子带来伤害。正是出于这种愧疚心理，父母们往往都很难拒绝孩子的要求，基本都是有求必应。然而这样的行为不利于父母，更不利于孩子。身体上的亲密接触，必须是在双方都高兴并同意的情况下进行。

父母抱着愧疚的心理，勉为其难地接受孩子的身体接触是对自己的一种牺牲。然而你完全可以不用牺牲，你可以用尊重来代替牺牲。父母尊重孩子，而孩子也得尊重父母，即要遵守相互尊重的原则。

而这时，最重要的过程就是给孩子传达父母的想法和感情。不少父母都不考虑自己的感情，只是一味地迁就孩子，然后最终在某一刻爆发，对孩子喊："不行，走开！"之所以会出现这样的事情，是因为父母们不懂得向孩子透露自己的感受。大家大可对孩子解释说："妈妈刚刚接完电话，现在很生气。等妈妈心情好了再抱抱你。妈妈现在不抱你，绝不是因为不爱你。"这不是辩解，而是解释。

起初，孩子有可能会慌张，甚至是撒泼打滚。但只要熟悉了，孩子一定会说："那等妈妈心情变好了，记得一定要抱抱我。"只要建立了信赖的基础，孩子就不会感到不安，而且只有这样做，孩子才能好好进行尊重父母感受及尊重别人感受的练习。它可以说是一种身体接触的礼仪。

这样的问题在夫妻之间也很重要。无论是只有夫妻两个人在的时候，还是在孩子面前，都需要时刻注意。有些爸爸会对孩子开玩笑说："妈妈的奶奶是爸爸的，所以你不能摸。"这也是错误的表达方式。父母们始终要记住这一点，那就是身体的主人永远只能是他自己。

男女接吻的时候，常常未得到女人的同意，男人的手就攀上女人的胸。另外，很多男人都喜欢将女人推到墙上，然后强吻对方。而之所以会出现这样的行为，是因为他们在小时候没有接受过确认别人的意向及调整自己性欲的练习。正所谓积习难改，身体接触的礼仪同样也是如此。

儿子的性教育 3
不要因为长得可爱，就允许别人对自己做出亲密举动

　　家人之外，经常会有一些亲戚长辈、父母的朋友及一些陌生的长辈们在看到孩子时嚷嚷着"哎哟，长得真可爱"，而对孩子做一些亲密的举动。遇到这样的情况，父母必须要让孩子自己做出选择。即要让对方向孩子询问"我可以抱抱你吗""我可以亲你一下吗"等问题。另外，父母也可以帮助孩子选择可以亲吻、抚摸的部位，如手背、额头、鼻子、脸颊等。

　　然而大部分情况下，父母们反而会劝孩子接受别人的亲密举动。例如，他们会对孩子说："这是因为他们喜欢你。"而父母做出这样的选择，多半是因为希望自己的孩子能够成为一个听话的孩子。

　　不过，这并不是将孩子养成"好孩子"的方法，而是忽视孩子

的感受和判断的行为。因此，不能因为大人喜欢孩子就让孩子强行接受来自大人的亲密行为。这会让父母在家中对孩子进行自主决定权练习的成果化为泡影。

例如，在坐地铁的时候，旁边的一位叔叔突然对孩子说"你真可爱啊"，然后伸手掐向孩子的脸颊。这时，孩子会扭头看向父母。这是孩子在向父母表达"快来保护我"的行为。这时，父母就要明确地对那位叔叔说："那个，这位叔叔你都没有征求我家孩子的意见，怎么可以伸手摸他呢？即使是我们父母，在抚摸他之前都会征求他的同意。"孩子在看到这一幕之后，就会再次确认"未经过我的允许，谁都不可以触摸我的身体"的道理；同时，他的心中还会产生"父母始终都会保护我"的信赖感。

须知，并非所有与父母关系亲近的大人都能给孩子带来亲切感。陌生感、身上的烟味、胡楂等都有可能让孩子讨厌对方。即使是每天都会见面的家人之间也有不想亲亲的时候，更何况那些亲戚长辈相隔几个月或逢年过节时才能见上一面，他们突然想要亲孩子，孩子怎么可能会愿意。因此，我们不可以因为对方是大人就强迫孩子接受这种身体上的接触。如果对方真的喜欢孩子，完全可以通过其他方式表达自己的感情。例如，称赞孩子漂亮、给孩子点零花钱、给孩子买礼物等。

从广义上来说，它甚至有可能与儿童性侵犯问题挂钩。因为很多性犯罪者都会通过"你长得真漂亮，要不要跟我一起走啊"等称赞的方式接近孩子，进行诱拐；或说着"让我摸摸，我摸你是因为你太可爱了"等类似的话，去抚摸孩子的身体。遇到这种情况时，如果受侵犯的对象是一个善于判断和决定自己事情的孩子，他会马上认出这是不正常的情况，然后拒绝对方。因为他知道即使大人再喜欢自己，自己也没必要一定答应对方的要求。

儿子的性教育 4
让儿子进行憋尿的练习

　　在走路或乘车去某个地方的时候，儿子经常会向妈妈吵着要撒尿。这时，大多数父母都会让儿子在路边解决，或者尿在塑料瓶里。

　　如果是女儿处在这种情况下，你又会怎么选择？你是会跟她说："躲在这里尿吧。"还是会拿着塑料瓶说："尿在这里吧。"不。十有八九，你会安抚她说："忍一下，马上就到卫生间了。"或询问她："还有十分钟就到服务区了，能忍得住吧？"你能对女儿进行憋尿的教育，但为何却不让儿子忍耐，反而直接让他排泄出去呢？

　　或许，有些父母会说："儿子的身体结构方便尿尿，但女儿就不行了。"然而，根据身体的结构来讲，男人比女人更方便憋尿。从膀胱排出小便的通道，我们称之为尿道。男性的尿道长度为16-18cm，而女性的尿道长度仅为2.5-4cm。即男性的尿道远远长于女性的尿道。这是因为男性生殖器的外形更长的缘故。

当然，这并不是说女儿也不用憋尿，可以直接方便；而是说既然父母可以对女儿进行憋尿教育，那儿子也不能例外。

有一点是拥有儿子的父母们必须要记住的。那就是女性的尿道只用于排尿，但男性的尿道不但用于排尿，还用于排出精液。因此，没有养成憋尿习惯、想尿就尿的儿子们在潜意识里有可能会形成"性欲不应该忍耐，而是在自己愿意的时候及时喷射"的思维。

而当这样的思维成形时，很有可能会让他出现不同程度的性犯罪。毕竟，在公共场所进行淫乱行为的男性不在少数。这种人我们通常称之为暴露狂。在韩国，曾有一位检察官和著名职业棒球选手因在公共场所进行自慰而被警方逮捕。每当接触这样的事例，我就猜测他们当中的大部分或许在小时候并没有接受过憋尿的练习。

从今往后，无论儿子如何吵着要尿尿，父母都要严厉地教育他，让他憋着直至抵达卫生间。一些尚未能熟练大小便的孩子很有可能还没抵达卫生间就尿在裤子里。不过，没关系。尿裤子总比降低儿子的欲望调节能力要强。总之，哪怕遇到这种问题，父母们也要对孩子进行憋尿的练习。因为只有这样，你的儿子才能学会调节性欲的能力。

儿子的性教育 5
从小时候开始就告诉孩子生殖器的正确名称

　　我们通常将儿子的生殖器称呼为"小鸡鸡"，而将女儿的生殖器称呼为"小妹妹"。其实，使用这些名称本身并不存在什么问题。只不过在使用这些名称的时候，最好告诉他们该部位的正确名称。

　　孩子小的时候，我们有时会对他们说"吃饭饭"，有时会对他们说"吃饭"；有时对他们说"喝水水"，有时又对他们说"喝水"。总之，会非常自然地交替使用符合婴儿特点的"婴儿用语"和正常用语。

　　在指孩子生殖器的时候，我们也应该这么使用。例如，我们有时要说"小鸡鸡放水了"，而有时要说"阴茎排尿了"；有时也可以说"这是小鸡鸡，小鸡鸡是阴茎"。如果是女儿，我们则可以将"小妹妹"和"阴道"两个词轮番替换着使用。

之所以这么做，是为了让孩子自然地接受生殖器相关的用词及各种性相关用语。具体使用何种语言，最终将对孩子价值观的形成产生极大的影响。

这一点尤其对儿子影响较大。在青少年时期，很多男孩都会因阴茎的大小而产生自卑心理。在小学时期，接触到"阴茎"这一词汇之后，他们会产生小的生殖器是"小鸡鸡"，而大的生殖器是"阴茎"的误解；同时在潜意识里，他们很想将自己的"小鸡鸡"养成像爸爸生殖器一样大的"阴茎"。

男性的生殖器会在生长的过程中逐渐变得更长更厚，然而很多小男孩误以为在看色情电影的时候抚摸阴茎就会让生殖器变大。事实上，抚摸阴茎与阴茎的大小并没有实际关系。而不知道这个道理的男孩很容易产生阴茎过小的自卑心理，从而沉迷于色情电影和自慰当中。严重的时候，他们甚至还会将从周围道听途说或从网络上看到的奇怪疗法应用到自己身上。这样的行为很容易伤害到他们的身心健康。

我希望我们的孩子能够满足于自己的阴茎大小，同时不要因为跟别人比大小比输了就觉得自己低人一等。如果他是一个真正懂得包容自己身体的孩子，那他一定也会懂得爱惜自己的身体。

儿子的性教育 6
利用积木玩具解释性关系

有时，孩子会向你询问："妈妈，宝宝是怎么出来的？"在对孩子解释男女性关系，尤其解释男女生殖器的结合时，我们可以使用乐高等积木玩具来进行描述。积木是孩子们常玩的一种玩具。我们可以用凹型积木和凸型积木，或用寻常积木拼成它们的形状来进行说明。事实上，在给幼儿园孩子进行性教育的时候，我也是利用积木来说明的。

例如，我们可以这样解释："这两个积木中，凸出来的是男性，凹进去的是女性。当他们相遇后，相遇的地点里就会形成宝宝，而宝宝会在九个月后诞生在世上。"另外，我们还可以跟他们讲精子和卵子，然后告诉他们，当男女的生殖器结合时，精子和卵子会有一定的概率相遇，而一旦相遇就会形成宝宝。

不过，有两点是父母必须要注意的：首先是父母在进行解说时不要太过着急，也不要太刻意去解释，而是要根据孩子实际理解程度进行说明，即我们要先了解孩子对性的认知程度和好奇程度，然后根据这些情况进行说明。

例如，孩子问你："宝宝是怎么出来的？"这其实就是一种信号，意味着孩子已经到了需要了解生殖器结合的阶段。如果孩子向父母发出这种信号，父母就要拿着积木，再次询问孩子："男人和女人当中，像这样凸出来的是什么？那这样凹进去的又是什么？"如果孩子回答说："凸出来的是男人，凹进去的是女人。"那说明孩子对男女生殖器结构有一定了解了。这时，父母就可以继续说给他听了。

如果孩子回答"不知道"或支支吾吾说不清楚，那就说明即使父母讲解男女生殖器的结合，孩子也有可能听不明白。遇到这种情况，我们则需要将利用积木进行解说的事情延后，只需告诉他"当然是从妈妈的肚子里出来的"就可以了。如果孩子对此抱有浓烈的好奇心继续提问，父母就要根据孩子情况，适当地调整解说的深度。

其次，我们需要注意的是，在解释宝宝的诞生过程时，也要遵守自主决定权和身体接触的礼仪。即要告诉他，在与心爱的人发生性关系之前，必须要经过双方的同意和允许。这样的提醒说多少次都不嫌多，可以说它是比单纯传授性知识更加基础的性教育。

儿子的性教育 7
不要太过在意幼儿时期的自慰行为

　　我们偶尔会看到 3-6 岁的孩子时不时抚摸自己生殖器的行为。遇到这种情况时，父母们往往会感到十分惊慌。不过，这个时期孩子的自慰行为，不可以与青少年或成年人的自慰行为相提并论，因为他们的自慰过程中并不会幻想什么东西。

　　孩子喜欢摸生殖器的原因有很多种：如缺乏父母的关心和疼爱；模仿大人抚摸自己来抚摸生殖器的行为；哺乳期父母因洁癖经常擦拭孩子的生殖器，使得孩子感受到了快感；没有保持阴茎的卫生令其产生瘙痒感，而起初的抓挠行为导致了孩子的快感；在楼梯栏杆滑下来时、骑自行车时、穿着紧身的衣服时产生了快感等。总之，这些都是成长过程中经常出现的现象，所以没必要太过担忧。

　　不过，若是长期放任不管或错误引导，有可能对孩子的成长发育产生不利的影响。因此，虽说不用太过担心，但作为父母必须要进行观察和沟通。

最糟糕的状况就是吓唬孩子，比如"为什么摸那里？很脏的，赶紧去洗手""你继续摸那里就会钻出来虫子"等。如此一来，孩子就会先入为主地认为生殖器就是脏东西，而且不但不会改正，反而会躲着父母的眼睛继续偷偷地抚摸。

你应该亲切地对他解释："生殖器是非常重要的东西，如果你继续摸会让病菌钻进那里。"然后，再用一些能够引起孩子兴趣的玩具转移他的注意力，从而减少他对生殖器的关注。这时给孩子选择的最好是拼贴画、涂色、玩沙子、玩水、玩泥巴、握力球、料理游戏等以提高感受能力为主的玩具。

不过，也不要太刻意转换孩子的注意力，以免孩子受到"自慰行为不好"的暗示。父母自己也要具备"孩子有这样的行为也很正常"的心态。另外，不要想阻止孩子的自慰行为。相比之下，父母更应该告诉孩子即使自慰，也需要遵守一些规范。

第一，必须要在只有一个人的地方自慰。你可以问问孩子："哪里是你自己一个人可以待的地方？"如果孩子回答说"卫生间"或"我的房间"，你就可以继续对他说："对。你只能在这些地方摸你的生殖器。"同时告诉他："客厅是大家一起生活的地方，所以不可以在这里摸生殖器。"很多孩子误认为客厅也属于自己的空间。

第二，他能触摸的生殖器只能是自己的。你要告诉他，不可以将自己的生殖器暴露给别人看，更不能看或抚摸别人的生殖器。

第三，抚摸生殖器之前一定要洗手。对于这个部分，我可以讲得更加详细一些。

如果你告诫他会有病菌进入他的重要器官生殖器中，孩子肯定会信以为真，从而养成勤洗手的习惯。处于这个时期的孩子多半具有对病菌的不安心理，所以对洗手并没有多少抗拒心理。另外，如果在洗完手后，父母允许他抚摸生殖器，他实际上继续自慰的可能性也会大大降低。

因为洗手有一定调节性欲的作用。当孩子洗手时，凉水会浇灭他的冲动，即他原本的打算是快点洗完手再抚摸生殖器，但凉水会冲淡他的这种欲望。另外，我再强调一遍：父母不要以"自慰本身就是很脏的行为，所以一定要洗手"的方式给孩子带来压力。

儿子的性教育 8
在给孩子买衣服和玩具的时候，不要遵从性固有观念

到一个卖儿童衣物的地方，你最先听到的一句话会是什么？对，那就是："是男孩，还是女孩？"如果你回答说是男孩，对方可能会给你介绍蓝色系列的衣服；而如果你回答说是女孩，对方则会向你介绍粉色系列的衣服。

如今是提倡个性的时代。有的女演员会在颁奖典礼上穿长裤正装；有的男子也会在紧身牛仔裤上搭配一件裙子。生活在这种时代里，为何非得要求孩子穿得像男孩，或穿着像女孩呢？更何况，所谓的男孩颜色和女孩颜色也不过是陈旧的固有观念罢了。在19世纪的欧洲，红色还曾一度被视为是男子汉的颜色。这一点可以从当时的肖像画中，孩子们的穿着打扮上确认。

玩具也是如此。人们通常劝家长给男孩买玩具枪或玩具机器

人，而给女孩买洋娃娃或过家家玩具。如此一来，最终玩法也会分为男孩子的"野蛮"玩法和女孩子的"家务事"玩法。

不过，更让人感到为难的还在后头。那就是尽管父母从小注重孩子的性别敏感性，但到了一定年龄之后，儿子依然会沉迷于所谓的"男孩颜色"和"男孩玩具"中无法自拔；同样，很多女孩子也会沉迷于所谓的"女孩颜色"和"女孩玩具"中无法自拔。遇到这种情况，父母们就会一阵感慨地说："果然男孩和女孩的品位是天生的。"

事实上，专家们对此也无法下定准确的结论。有些部分可能是天生的，但也有一些部分可能是在父母不知道的时候他们受到外界环境的影响，耳濡目染学会的。不过，我们没必要过于纠结它的原因。重要的是父母的标准和态度如何。

哪怕孩子挑选的衣服或玩具与以往的性别固有观念相悖，我们也没必要进行阻挠。我们可以给他购买这些玩具，但需要跟他进行沟通。比如，我们可以问"你为什么喜欢这个颜色"；也可以诱导他说"除了这个颜色，其他颜色也很好看啊"；或是劝他说"就要机器人吗？不如买洋娃娃怎么样"；给他解释说"枪是一种很危险的东西"。

即使我们这么做，孩子也有可能继续固执己见。然而，大部分孩子都很固执。即使如此，父母也没必要感到焦急或长吁短叹。反正，孩子的品位也不是一成不变的，它有一个不断变化的过程。重要的是，父母不可以轻易动摇，要始终保持自己的主见。

儿子的性教育 9
几岁为止可以与妈妈一起洗澡

　　与家人们一起洗澡是一个可以让入学前的孩子自然、具体地认识到性的机会。通过洗澡的过程，穿衣服和脱衣服；或者，观察别人的身体，说出身体部位的名称、表露对身体的喜欢和厌恶等都可以成为很好的性教育内容。

　　尤其在与家人们一起洗澡的过程中，孩子们会见到父母或兄弟姐妹的生殖器，并得知男人的生殖器和女人的生殖器不同的事实。另外，孩子会通过自己身体与父母身体的对比，得知体毛的存在。

　　然而随着时间的流逝，养育儿子的母亲普遍都会苦恼孩子的洗澡问题，即会纠结几岁为止可以与孩子一起洗澡的问题。每个家庭各有自己的洗澡文化，所以具体时期可能有所不同，但大致上，孩子五岁之后就要与大人分开洗澡。

　　届时，我们可以告诉他说："分开洗澡是因为尊重你的身体。"

如此一来，孩子就会渐渐理解父母的意图，同时也会知道自己的身体很珍贵的道理。

去公共浴池洗澡也是需要考虑的一面。对孩子来说，去公共浴池洗澡是一种非常好的性教育过程。因为我们不但可以让他了解到公共浴池这种公共场所的存在，还可以在那里传授他对待别人身体的礼仪。不过，爸爸带儿子进男浴池倒是没什么问题，但妈妈带儿子进女浴池就有必要考虑很多问题了。也就是说，等孩子长到一定年龄，妈妈和儿子就要分开进澡堂了。

在过去的年代，妈妈带小学低年级儿子进女浴池的情况偶尔也有发生，以至于儿子在公共浴池里遇到同班级的女同学惹出大笑话；反观，爸爸带女儿进男浴池的情况却几乎没有。也许，这是因为主要还是妈妈在肩负育儿的责任。

如今，很多公共浴池都将孩子的身高作为可以进入异性浴池的标准，而不是孩子的年龄。这就好比有些儿童乐园限制身高太矮的孩子乘坐特定游乐设施一般。如果公共浴池里有自己特定的规则，我们则可以根据那里的规则行事；但如果没有特定的规则，我们则可以参照上面所说的孩子与妈妈分开洗澡来实行。

无论孩子的发育情况处于何种阶段，只要孩子对在公共浴池中见到的陌生异性的身体产生浓厚的好奇，忍不住经常打量，父母和孩子就要分开进入男女浴池。因为我们需要考虑到公共浴池的礼仪。

另外，我还想提醒大家一点有关身体暴露的问题。有些人很喜欢在家中裸身或者只穿着贴身衣物待着。想来，这样的人多半都是爸爸。如果其他家庭成员对这样的行为没有任何反感倒也无关紧要，但若是给某个人带来不快，就要举行家庭会议，让那个人重新穿上衣服。这等于给孩子传达一种信息：即使是自己的身体，也不可以因暴露给别人带来不便。

儿子的性教育 10

如果孩子对异性朋友产生好感该怎么办?

孩子到了 5-6 岁时,就会慢慢对异性朋友产生好感。他们常常会说"我们班的 ×× 长得最漂亮"或"以后,我要跟 ×× 结婚"。

这个时期的孩子表现出这种行为是一种很正常的现象。但是身为父母,大家需要确认一下孩子如何向对方表达自己的情感及如何接受对方的反应的问题。

你可以向孩子询问:"他也喜欢你吗?""她看到你后会感到开心吗?""她会对你笑吗?""她有没有对你说不讨厌你?"如果只是自家的孩子一个人喜欢别人,而对方又表现出不喜欢他的样子,我们就必须对孩子进行指导。在对方不喜欢自己的情况下,一直跟在对方后面,强行亲吻对方或抓住对方的头发等行为,哪怕只是孩子之间的打闹也俨然属于暴力行为。

首先，父母应该让孩子了解对方的喜好，然后去迎合这个喜好。若是这样也无法改变对方的态度，那就要教导孩子不要继续缠着对方。即要让孩子明白，即使他再喜欢对方，但若是对方不回应自己，那他就应该尊重对方的判断。反之，别人家的孩子喜欢自家孩子时也是相同的道理。

喜欢不意味着什么都要迁就对方。如果是一个在家受过自主决定权训练的孩子，那么当对方想要强行亲吻自己时，他就会想："咦？妈妈吻我时都要提前询问一下，但她怎么连问都不问我一下就要吻我？"然后拒绝对方说"不要"。即使之前对对方抱有好感，对于这样的行为，他也会产生抗拒的心理。

无论是自家的孩子，还是别人家的孩子，若是有一方抗拒身体上的接触，就不能让他们继续做出强迫对方的行为。如果自家的孩子做出这样的行为，家长就要检讨一下是不是自己家里的文化出现了问题；如果是别人家的孩子做出这种行为，家长就要将情况汇报给托儿所的老师或幼儿园的老师，同时让孩子的家长了解到自家孩子的情况。孩子之间也是有可能发生性骚扰的。若是情况严重，我们就要找心理医生给孩子进行辅导了。

我们绝不能因它是孩子之间的事情就放任不管。也许，不少人会说"小时候都那样""这是孩子们都会经历到的事情"，然而并非所有这个年龄段的孩子都是这个样子。至少，接受过相关教育的孩子就不会做出这种行为。

即使是很小的孩子，也有可能会做出过分的行为。例如，做出让对方脱裤子给自己看等行为，而且还是躲着大人，偷偷在卫生间等隐蔽的场所进行。他们明显知道自己的行为是错误的，但由于会优先考虑自己的好奇心，所以才会背着大人们做这种事情。而这种事情往往就是走向性犯罪的开端。

　　庆幸的是他们还小，只要大人们告诉他们其中的利弊，再进行心理辅导就能及时改正过来。不过正因如此，大人们才需要更关注孩子们平时的举动。

儿子的性教育 11
只能由爸爸对儿子进行性教育是一种偏见

　　儿子和女儿的性教育是否由爸爸和妈妈分开进行呢？我并没有这么做。正如大家所知道的那样，我身为单亲妈妈，儿子从小都由我一个人带大，因此儿子的性教育任务自然也只能由我来担任。

　　通过实践，我发现妈妈给儿子做性教育存在很多优势。由于我本身就是女人，因此与女人相关的事情，我能够更加仔细地告诉儿子。例如，对女人的身体、女人的心理的介绍，等等。

　　当然，妈妈给儿子做性教育也存在很多不足之处。有一次，儿子就告诉我说，自己很想知道无伤刮胡子的方法，但由于没有爸爸，他只能询问其他同学。当时，听到儿子说的话，我感到非常心疼。

　　但这样的情况只占据很少的一部分。至少在大框架方面，我作为妈妈给儿子做性教育还是很成功的。不过，这并非因为我是孩子的妈妈，而是我本身就注重自主决定权和性别敏感性的概念。

相比之下，若是让爸爸或叔叔等成人男子给儿子做性教育，多半会传授一些"歪理"。例如，遇到喜欢的女孩就要先灌醉她等，常常会起到反作用。

总之，妈妈教有妈妈教的好处，爸爸教有爸爸教的好处，但哪怕漏掉一些细微的知识或技巧也无关紧要。因为性教育的核心并不是那些知识或技巧，而是自主决定权和尊重。但无论是爸爸教儿子，还是妈妈教儿子，重要的是一定要教会他这个核心内容。至于其他内容，则完全可以通过书籍和影像资料来传授。

我再次强调一下这个观点。那就是性教育并非单纯地传授性知识，而是教导孩子该以何种态度、何种思想面对人生。

儿子的性教育 12
当你担心孩子有性别认同障碍时

　　看到儿子喜欢穿女孩的衣服或经常玩洋娃娃；又或是不喜欢与男孩子一起玩，专门找女孩子一起玩，父母可能就会担忧地想："我家儿子是不是拥有与众不同的性别认同？"于是，父母为了矫正儿子的这种倾向，训斥孩子不可以穿女孩的衣服，或抢走孩子手中的洋娃娃。

　　对于这种情况，我认为父母没必要过于担心，而且"矫正"孩子倾向的行为也是不可取的。女孩就应该玩娃娃玩具，而男孩就应该玩玩具机器人或玩具枪，否则就存在性别认同障碍，这样的思想无疑是一种偏见。这种偏见会限制孩子大脑的均衡发育，消减孩子的创意性，同时对孩子确立社会性产生不好的影响。

　　人天生就带有一些男性化倾向和女性化倾向。事实上，我更愿意将它们称之为柔和的倾向和刚烈的倾向。然而大人们往往会根据男孩和女孩的性别，引导他们向其中一种倾向发展。

我认为游戏不应该区分为男孩的游戏和女孩的游戏；同时，无论是男孩或女孩，都可以玩娃娃、机器人、过家家、战争游戏等。这样培养出来的孩子才会均衡地具备两种倾向，不但有利于他们日后的社会生活，还能使他们更加善于处理周边的人际关系。

我能了解父母的担忧。尤其男孩倔强地想要穿连衣裙，那么出门时周围人的怪异目光会让大家感到很不自在。因此，若换做我是这些家长，我一定会询问孩子："你为什么讨厌穿裤子？你为什么想穿连衣裙？"另外，孩子的这种行为多半是出于某种事件或困扰，所以我还会问他"是谁捉弄你了吗""是谁告诉你要这么穿的"等问题，即通过与孩子的对话，聆听他们要这么做的理由。若是孩子所说的理由很合理，我认为尊重他们的意见才是正确的行为。

其实，这个年龄段的孩子什么都不懂，因此想穿连衣裙很可能没什么特别的理由，或者，有可能是天生就具备更多柔和的倾向。男孩子若是拥有柔和的倾向，长大后完全可以利用这种倾向选择适合自己的职业，并很好地生活下去。因此，父母根据自己的揣测进行判断是不正确的，而且也没必要过于担忧。

儿子的性教育 13
该怎么跟儿子解释同性恋的事情？

　　相比过去，如今同性恋已经成为人们口中的热门话题，就连孩子们也会自然而然地接触到这个用语。然而当孩子询问父母有关同性恋的问题时，父母们往往会感到很为难，不知道该怎么回答。因为父母对同性恋也很陌生，同时带有一定的反感态度。

　　以前，我也对同性恋抱有反感态度。但是随着聆听同性恋者们的故事和相关文章，我渐渐改变了自己的心态。事实上，该怎样看待同性恋，其实就是会不会"尊重"别人的问题。

　　首先，我们得承认，同性恋也和异性恋一样，是人类情感的一种形态。至于究竟爱谁、选择什么样的性行为并不是别人所能干涉的问题。因此，在对他们一无所知的情况下，误解他们、不信任他们是不对的。另外，同性恋也只是生活形态的一种，而不是病态或变态的行为，因此不应该受到人们的批判或成为人们厌恶的对象。

同性恋者同样有权利享受正常的生活，过上幸福的人生。成为同性恋者并不意味着人生就是失败的。

关于同性恋的问题，我们能想到的有两种可能性：

一种可能性是孩子确实是同性恋者。曾经我遇到的一个孩子告诉我，他自己就是先有"我为什么不像其他男孩一样对女孩感兴趣，反而会对男孩产生心动的感觉呢"的情况，然后才渐渐认识到自己的性别取向。起初，这个孩子也以为这只是青春期的躁动，后来又因自己可能是同性恋者的事情而感到无比恐慌。假如遇到这种情况，孩子一个人是很难克服过去的，因此必须要有来自父母、心理医生、学校老师和朋友，以及社会上的理解和帮助。

不过，当真正得知这一情况后，父母们的第一反应通常是恐慌，然后是感到生气，同时自责是不是自己的教育方式不对，才导致孩子变成这个样子。然而父母不知道的是，只有他们先体谅孩子，孩子才能克服来自别人的批判和轻蔑，即父母要和孩子一起努力，以免孩子受到不公平的待遇和伤害。

还有一种可能性是孩子受到来自其他同性恋者的伤害。不过，这其实是一种偏见。很多人毫无缘由就对同性恋者抱有一定的恐惧心理，男人害怕"基佬"看上自己，而女人也害怕"蕾丝边"接近自己。若是同性恋者们听到这样的话肯定会大喊冤枉。因为同性恋者只会选择同性恋者作为自己的恋爱对象。正如异性恋者的我不会对女人产生感情一样，同性恋者同样也不会对异性恋者产生兴趣。

很多人认为同性恋者是滥交的，但事实上，这只是个别情况；

反之，包括性交易等异性恋者性生活混乱的情况却司空见惯。所以说，这其实并不是同性恋者或异性恋者的问题，而是相关个人的品行问题。大部分同性恋者都与异性恋者一样，希望能够找到自己心仪的对象，并维持长久的情感关系。

如果某个同性恋者不顾对方的反对，执意想要与他进行性接触，那只能说明这名同性恋者不懂得尊重对方，而并非同性恋者都是如此。无论是同性恋者还是异性恋者，一切没有建立在尊重基础上的性接触均属于暴力行为。

作为父母，我们应该通过询问孩子，确认他对同性恋的理解程度及看待同性恋的态度。如果孩子像其他人一样对同性恋者抱有偏见，我们则需要告诉他们同性恋者同样需要尊重的观点。

事实上，我认为父母应该担心的是另一件事情，即父母应该担心孩子的偏见会不会给同性恋者们带来伤害，而不是担心孩子受到同性恋者的危害。正因如此，我们更应该让孩子认识到同性恋者同样需要尊重的道理。

儿子的性教育 14
父母发生性关系被孩子撞见时需要采取的态度

首先，孩子撞见父母发生性关系，从侧面上说明父母太过疏忽大意了。夫妻发生性关系之前应该先锁好房门才是。

在向我咨询的孩子当中，大部分都是这种情况：孩子晚上醒来找爸爸妈妈。可是想要进入主卧却发现房门锁着。于是，他就走向连接着主卧的阳台。很多公寓里，主卧和次卧的阳台是相连的。可是父母偏偏忘记锁上通往阳台的房门。于是，孩子通过阳台，走进主卧，看到父母发生性关系的场景。这也是父母事先需要注意的部分。

不仅是性关系要避讳，避孕套、成人用品等东西都不应该让孩子见到。发生这样的事情时，父母不应该若无其事地应付过去。因为听不到大人的解释，那将成为孩子记忆中一段非常不愉快的回忆。孩子会认为，这是爸爸在欺负妈妈。若是对男女性关系有一定的了解，那他还有可能将性关系视为一种非常恶心的东西。

这时，重要的是要跟孩子进行沟通。家长不应该拉住孩子一味地解释，而是应该先询问一番："你看到什么了？""怎么看到的？""你觉得我们在干什么？"这时，孩子就会按照自己的理解回答说："我看到爸爸妈妈打架了。""我看到你们玩摔跤了。"我们之所以先询问，是为了确认孩子究竟了解多少、怎么理解性关系的问题。

当确定孩子的了解程度之后，我们就可以根据它做出解释了。不过，我们只需解释孩子能够理解的部分即可。例如，告诉他："妈妈和爸爸是夫妻，刚才那是爸爸妈妈在玩相亲相爱的游戏，夫妻们都会以这样的方式表达自己的爱意。"然后，正如之前提到的那样，我们可以利用积木玩具来进行具体的解说。

另外，不要忘了给孩子道歉："本来这种行为是不能让别人看到的。你看到完全是因为爸爸妈妈没注意的关系，所以爸爸妈妈要给你道歉。对不起。"

这时，父母的行为不能让孩子产生"你们在感到害羞"的感觉。因为这样会让孩子误以为父母犯错了。只有父母表现得足够坦然，事情才更容易解决。

3

性教育会拉近父母和孩子之间的距离

青春期的 13 种性教育

比如，我就曾事先对孩子说过"等你长到一定的程度，你的阴茎里就会流出白色的液体，我们称它为射精。等你射精了，我们就会给你开派对进行庆祝"，结果发现孩子居然颇为期待开"尊重派对"的那一天。

不惊不慌
笑对儿子的
性教育

儿子的性教育 15
该从什么时候开始进行第二性征教育？

　　在性教育过程中，我们之所以要重视青春期，正是因为有第二性征的存在。第二性征会让孩子们的身体渐渐转变为成人的身体。在这一阶段，无论是身体上还是心理上，他们都要面对"性的存在"的自我。比如，在身体方面，他们的生殖腺会受到刺激，因此男孩的身体会加速分泌睾丸素，而女孩的身体则会加速分泌雌性激素。在这个时期，他们渐渐开始具备成为男人和女人的条件：男孩会射精、遗精，而女孩则会迎来月经。另外，在精神方面，由于大脑各部位发育程度不均衡的关系，他们还会呈现出情绪不稳定的症状。

　　然而，若是等第二性征开始之后才给孩子传授第二性征的知识未免显得有些晚了。因为第二性征会导致很多身体上的变化，而这些变化会给孩子带来很大的压力，因此父母理应提前告知孩子这些情况，好让他们做好心理上的准备。

虽说因人而异，但绝大多数孩子都会从小学高年级时起出现第二性征。因此，父母们应该提前一两年告诉孩子第二性征的相关知识。尤其男孩在十多岁的时候有可能接触到成人电影，让孩子通过成人电影学习性知识显然有些不妥，因此父母应该提前做好相关准备工作。

比如，我就是在儿子上小学二三年级的时候告诉了他有关第二性征的事情。对什么是遗精、什么是自慰等解释得非常详细。

这个时期最重要的是让孩子以积极、自然的心态迎接第二性征，同时让他们建立对身体负责的态度。假设我们打算给孩子解释什么是勃起。勃起是阴茎充血膨胀变硬的过程，但勃起的原因并非都是由于产生性冲动。例如，在睡觉的过程中或早上起床后，男人的阴茎都有可能会勃起。我们需要将这些知识告诉孩子。另外，所谓的对勃起"负责的心态"指的是遵守"勃起礼仪"。例如，在与别人一起时发生勃起，我们就要努力让它恢复到勃起前的状态。至于具体方法就要看个人的选择了，可以出去吹吹冷风、喝点凉水等。

事实上，近年来幼儿园和小学对孩子进行性教育的时间都大大提前了，因此孩子们大都对第二性征的情况有所了解，但这并不意味着父母的责任就减少了。不同于幼儿园和小学中进行的性教育，只有父母在家对孩子讲解第二性征的内容，孩子才能在迎接第二性征时坦然地将身心变化和心中的苦恼讲给父母听。

大家一定要记住，哪怕孩子大了，性教育的第一责任始终在于父母和家庭。

儿子的性教育 16
当你觉得已经晚了的时候，其实就是最好的时机

　　正如我先前多次强调的那样，性教育并非单纯地传授性知识，而是要向孩子们展开自主决定权教育和性别教育，从而让他们从小养成自己决定自己身体的习惯。

　　相信本书的读者当中有很多都是面临第二性征的儿子的父母。这些父母在看到本书的开头时或许会疑惑地说："什么？得从生下孩子时起就进行性教育？那我家的孩子岂不是大大落后于别人家的孩子了？这可该怎么办才好？"

　　没错，你的孩子已经比别人晚了一步。然而当你觉得已经晚了的时候，其实就是最好的时机。虽然有点落后于人，但也没有到完全放弃的时候，毕竟孩子尚未成年。觉得晚了的父母理应更加明白问题的重要性，从而对孩子进行性教育。

解决问题的方法永远只有一个，那就是沟通。更何况现在的孩子已经完全能够听懂大人的话，所以沟通就显得更加有必要。你可以先询问孩子在学校接受过什么样的性教育，然后不动声色地询问他有什么感受。另外，你也可以询问儿子他的同学们的反应。因为在青春期，朋友所带来的影响比任何时候都要大。

进入青春期后，孩子能够与父母一同观看电视连续剧的内容也变得更加丰富。这时，我们就可以灵活地运用性教育过程中占据重要比重的多媒体教育了。"你看那个主人公，虽然说是在搞暧昧，但怎么能这么处理这件事情呢？"对于性别敏感性的问题，父母完全可以以这样的方式引导与孩子的对话。

不过，需要注意的是，假如这个时期父母突然开始对儿子的性教育产生兴趣，那么很有可能他们本人也具有一定的问题：比如，对性知识了解不足、拥有歪曲的性别敏感性，等等。因此，在给孩子做性教育之前，父母应该先通过阅读相关书籍、观看性教育节目等方式来改变自己。而看到父母这种努力的态度，孩子们自然而然也会效仿父母的行为。

儿子的性教育 17
为儿子举办尊重派对
——"阴茎，谢谢你！"

　　近年来，在韩国，女儿来初潮时，家长们都会为她举办派对进行庆祝。在这个名为"初潮派对"的活动中，有些父母会为女儿准备蛋糕和蜡烛；有些父母则会送给她们之前一直想要的礼物。另外，也有些父母会给女儿准备生理期的用品，然后给她讲解有关第二性征的注意事项。虽然每个家庭的情况都存在一些差异，但"初潮派对"所蕴含的庆祝第二性征的意义却完全相同。

　　正如给女儿举行"初潮派对"一样，我觉得家长们有必要同样给儿子举行类似的派对。当然，儿子没有生理期，所以可以用其他名义来为他举办派对。比如，在我的儿子第一次遗精的时候，我就曾为他举办过派对。虽然当时我称呼它为"遗精派对"，但如今，我更愿意称呼它为"尊重派对"。其实，它备用的名字还有很多，例如"射精派对""梦遗派对""爸爸派对"等，但最终我根据小学生的投票结果，决定将它命名为"尊重派对"。它包含着"我们是珍贵的、是需要受到尊重的人"的含义。

射精有很多种情况：有可能是自慰，也有可能是在做梦的时候遗精。儿子在梦遗后往往会因害羞而不敢告知父母。若是由于自慰而射精，那他们则更害怕让父母知道。因为他们担心会被父母责骂。

总的来说，自慰射精的情况是最多的，因此父母不应该盲目地将自慰行为视作错误的或肮脏的行为。因为只有这样，孩子才会坦然地将自己第一次射精的事情告知父母。

比如，我就曾事先对孩子说："等你长到一定的程度，你的阴茎里就会流出白色的液体，我们称它为射精。等你射精了，我们就会给你开派对进行庆祝。"另外，我还告诉他"射精意味着你以后会成为爸爸"，好让他明白射精的重要性。然而，我没想到的是，孩子居然颇为期待我们为他开"尊重派对"的那一天。

事实上，我也如自己承诺过的那样，在孩子第一次射精之后，买来蛋糕和蜡烛，为他举办了一场简单的派对。记录那个场景的视频我也保留了下来。在视频中，我的儿子会站在蛋糕旁边喊："阴茎，谢谢你。"这是我嘱咐他这么做的。它可以说是一种承认身体的变化、爱惜自己身体的宣言。

很多读者们想必不曾坦然地告知过家人自己射精的事实。或者说，你们往往都会想方设法隐瞒，结果被父母发现训斥了一顿。正是因为有了这种不好的回忆，所以大家尽管在潜意识里觉得这么做不对，但仍然会向孩子表露出否定的情绪。然而，父母这种心口不一的表现，孩子往往一眼就能看穿。因此，在为孩子举行尊重派对的时候，父母积极的态度就显得尤为重要。

儿子的性教育 18
培养儿子尊重女性第二性征的心态

　　青春期的男孩不仅会关注自己因第二性征引起的身体变化，对于周围女孩的变化，他们同样会抱有浓厚的兴趣。更何况，女孩的第二性征开始时间比男孩要早，因此他们接触周围女孩身体变化的时间要比接触自己身体变化的时间更早。如此一来，他们难免会对女孩的身体产生惊讶、好奇的心理。

　　然而，若是这种好奇心理以错误的方式表现出来，则很有可能发展成伤害女孩们的错误举动。例如，装作无意或明目张胆地摸一下女孩的胸后逃走；抚摸女孩的肩膀或后背，然后跟其他男同学一起嘻嘻哈哈开玩笑说"××戴了胸罩，但××没戴"等。据说，男孩子在聊天群里评价女孩子的外貌或对女孩发表侮辱性言语的情况渐渐增多，如"××胸部好大""××的胸就像马路上粘着的泡泡糖"等。要知道，这些发言完全属于性暴力的范畴，是绝对需要杜绝的行为。

若是放到以前，我们或许会将它当作一个淘气包男孩开的玩笑，一笑置之。然而，我可以明确地告诉大家，这种言行俨然属于性暴力。哪怕做出这种言行的只是一个小孩，也无法否认它是性暴力的事实。庆幸的是孩子还小，我们还有时间帮他矫正过来。

即使是从小接受性教育、性别敏感性教育的孩子，在与同龄朋友相处时，也有可能稀里糊涂就参与到这类事情当中。因为在青春期，同龄朋友之间的认可和评价会对孩子产生很大的影响。

正因为如此，父母才更应该教导让孩子守住本心。另外，妈妈或其他女性抚养人在女性的立场上给孩子讲述第二性征的内容，效果也很不错。若是抚养人中没有女性长辈，则可以抱着"一起思考"的心态引导孩子，这也是可以的。不过，需要注意的是，虽说给孩子讲解女性第二性征的变化很重要，但更重要的是培养他尊重别人的品德。

儿子的性教育 19
无论什么时候，贬损用语都是禁忌

　　不幸的是，青春期的男孩之间，往往喜欢将贬低女性的发言当作一种强化认同感的手段，如，"长了个男人脸""听说女人从25岁开始就会急剧衰老"，等等。若是有一两名同学主导这样的氛围，那其他孩子都会不好意思开口反驳，最终与他们"同流合污"。

　　除了周边的朋友之外，网络也是影响孩子的途径之一。例如，众多大型网站社区等，都是贬损用语泛滥的地方，这也说明我们的社会到处充斥着贬损用语。正如成人电影无法杜绝一样，孩子出于好奇心理浏览这些网站的行为，家长同样没有办法阻止。

　　事实上，这个时期的孩子之所以会卷入贬低别人的言行当中，就是因为他们没有切实体会到，女性在社会上受到区别待遇及平时饱受性暴力的现实。在这样的情况下，男孩往往会觉得老师和父母们太过于照顾女孩。如此一来，他们就会陷入这样的苦恼当中：

"哪儿有什么性别歧视！我怎么感觉受歧视的反而是男人？"

我的孩子也曾受过其他同学贬损言语的影响，与他们沆瀣一气。不过每当这些时候，我都会坚决地对他说"不可以"。我告诉他，任何时候都不可以对包括女性在内的弱势群体做出贬低对方的言行。起初，孩子对于我的劝告并不是很服气，但我还是坚持不懈地开导他、说服他。与儿子沟通的过程很漫长、很艰难，但我始终都没有放弃。

青春期受到错误同龄人文化的影响，很容易加深他们贬低女性的心态，因此父母需要好好引导他们。另外，父母本身也要多加注意，以免做出贬低别人的言行。

儿子的性教育 20
当父母给孩子讲解自己的性经验时

在给孩子做性教育的过程中，孩子也有可能询问父母的性经验。对于这个部分，我们没必要主动告诉他，只需要回答他提问的部分即可。不过，大家也不要做出"你怎么问这种为难人的问题"等过激的反应，毕竟孩子问你也是出于对父母的信任。

记得当初我给初中、高中的孩子们做性教育的时候，有些男孩曾向我发问："老师，您至今睡过几个人？"这种提问显然已经超出好奇心的范畴，包含着性骚扰的意图。若他们是从小接受正确性教育的孩子，绝不会以这种方式向我提问。因为他们必然懂得尊重对方的道理；或者说，他们心中都有一条底线，明白哪些问题可以问，哪些问题不可以问。

若是有孩子提出这样的问题，那说明这个孩子并没有受到过正确的性教育。因此，父母要及时帮他们进行矫正。事实上，这样的孩子往往都出生于对性的话题非常保守的家庭。因此，他们不敢在家里向父母询问，只能在外面找一个看起来好欺负的人提问。若是有父母得知自己的孩子在外面做出这样的行为，那父母就有必要先进行反省，然后与孩子一起接受性教育。

我儿子也曾向我问过类似的问题。不过，他是如此向我发问的："妈妈，你一共喜欢过几个人？其中有真正喜欢过的人吗？"另外，他也问过我一些尺度较大的问题，比如"女人是怎么自慰的"等。正是因为尊重身为母亲的我，所以他懂得调整问题的尺度。当然，即使对方是其他人，他也不会询问尺度过大的问题。

我让父母跟孩子讨论性相关的话题，并不是让父母或孩子将自己的私生活毫无保留地告诉对方。若是孩子向你提出过分的问题，你必须提醒他这种行为属于侵犯他人性自主决定权的行为。

儿子的性教育 21
如何对待孩子的自慰行为?

　　孩子们的自慰行为都是无师自通的;或者说,孩子本能地就知道什么是自慰。自己摸自己的生殖器,摸着摸着就知道了,哪怕没有人特意去教他。

　　因此,父母需要教孩子的并不是自慰的概念,而是自慰的礼仪。需知,自慰也是有礼仪的。例如,只能对自己做;只能在属于自己的空间里做;不要看着成人电影做,而是一边想象一边做;心情好的时候做,心情不好的时候不要做;等等。总之,孩子也要遵守这样的自慰礼仪。

　　在传授自慰礼仪的时候,最好不要总是由父母一个人讲解。与其父母单方面进行解说,还不如让孩子自己说出来。即要通过与孩子的对话,引导孩子做出回答。

　　自慰的前提是喜欢自己。若是讨厌自己,自慰也无从谈起,因为他们会觉得自己的身体是肮脏、丑陋的。因此，父母要多让孩子尝试用积极的心态去看待自己的身体。我在第二部分中强调的内容大多属于这种训练方式。

某些开明的父母会考虑孩子自慰的可能，给他们的书桌或床头上放一些卫生纸。甚至，还有一些父母会考虑孩子的健康，将卷纸更换为更加高级的面巾纸。不过，父母与其做出这些单方面为孩子着想的行为，还不如打开天窗，坦率地跟孩子进行沟通。或许，孩子真正需要的并不是卫生纸，而是一些父母尚未想到的东西。

事实上，包括我儿子在内的青春期男孩们告诉我：高级面巾纸远不如普通的卷纸实用。因为它们太薄，所以很容易黏在生殖器上，事后还得进行清理，非常麻烦。不过，这并不是说普通卷纸就是最好的。据说，相比普通卷纸，他们更倾向于使用湿巾或毛巾。湿巾感觉清爽，不但能够干净地擦拭生殖器，还不会黏在上面。至于湿毛巾则不含化学成分，所以不仅在使用后心情舒畅，还有利于身体健康。因此，我也时常在儿子的房间里放置几条毛巾。

儿子的性教育 22

不要想着阻止孩子看成人电影，而是要培养孩子的判断力

　　我们所生活的社会环境决定了我们无法完全杜绝成人电影，除非是没有电脑、手机及网络，否则很难实现这个愿望。而且，就算孩子不愿意看，浏览网页的时候，总是会有连接色情网站的窗口自动跳出来，更别说还有周边朋友的影响。

　　另外，游戏和漫画中也有太多不亚于成人电影的香艳画面。例如，女性角色穿着赤裸，女性角色与怪物进行变态性行为等。

　　父母首先要承认这样的现实。因此，当务之急不是阻拦孩子看成人电影，而是培养孩子的判断力，即就算观看成人电影，孩子也要分辨得出里面哪些内容是错误的。这也属于多媒体教育的一种。

　　当然，这不意味着父母要将自己那个时代的标准套用到孩子身上，教育他们但凡带有黄色性质的都是错误的，而是应该根据具体

内容和情节做出判断，暴露画面的多少并不能成为问题的关键。

　　我们平时观看的电视连续剧或广告中，就有很多以错误的方式描述男女关系的内容。例如，男子霸道地强行抚摸女性的身体，但女性却将它当作男人对自己的爱意；又或者，在非必要的情况下，女子几乎裸露着身体等。然而，很多家长丝毫察觉不出其中的不妥。因此，我认为很多父母在教育孩子之前必须先接受相关的多媒体教育。

　　如果换作是我，就会在观看电视的时候，对儿子说："你看看那段广告，现实中的女人绝不会这么做。这些都是那些公司为了出售自己的商品而弄出来的骗人手段。"我们都应该通过这种方式来培养孩子的判断力和评判能力。只有拥有这种能力的孩子才会在观看成人电影的时候不会信以为真，也不会产生想要效仿的想法。

儿子的性教育 23
如果孩子在自慰或看成人电影时不慎被我们发现

　　孩子在进行自慰或看成人电影的时候偶尔也会被我们发现。最尴尬的情况无疑是被父母抓住现行，例如，父母推开房门的时候正好撞见儿子在自慰或在看成人电影。遇到这种情况，父母往往会感到很尴尬，然而最尴尬的无疑是孩子。

　　不过，当场发脾气或责骂孩子不见得是什么好事情。最稳妥的办法是先不做理会，等双方尴尬情绪缓解之后，尽快与孩子进行沟通。不与孩子进行沟通，若无其事地放任不管也不是好办法。

　　另外，只等待孩子做出回应也不可取。先让孩子开口无疑很难，如此一来，只能由父母先开口了。

　　想要让对话进行得顺畅，最好是父母先给孩子道歉："抱歉了，儿子，我不应该突然打开房门吓你。"如此一来，孩子也会向你道歉说:"没有,是我忘了锁门。我没想到妈妈会突然闯进来。"这时,你要称赞孩子说:"能听你这么说,妈妈感到很欣慰。"另外,你也要安慰他说:"看来我儿子已经长大了。"从而认可儿子正在向大人转变的过程。只有家长这么说,孩子才会放下心中的担忧,轻松地与你进行沟通。

若是之前从未与孩子讨论过有关自慰的事情,你完全可以将这次机会利用起来。不过,你也不能强制性地命令孩子该如何如何做。你可以先询问他是从什么时候开始自慰、自慰的感觉如何等问题,然后耐心地聆听孩子的想法,同时趁机教导他自慰的礼仪。也就是之前所说的,只能在自己的房间里自慰、不要边看成人电影边自慰等。

我的孩子也曾在看成人电影时被我发现。不过,不是被抓住现行,而是他偷偷盗用我的账号和密码浏览成人网站的事情被我发现了。而我同样将这件事情当作了与孩子讨论成人电影,和培养孩子判断力的契机。

头一次经历这种事情,大家难免会感到惊慌,但若是能够好好利用,说不定它就能成为拉近父母与孩子之间距离的绝佳契机。若是父母能够认可和包容孩子自认为丢人的经历,那么孩子也会对父母产生信任和依赖。如此一来,哪怕日后遭到校园暴力等难以启齿的事情,他也会如实地告知父母,而不是憋在心里,最终做出极端的选择。

儿子的性教育 24
如果儿子开始谈恋爱

　　虽说青春期之前也可以谈恋爱，但真正算得上恋爱的其实是进入青春期之后的恋爱。这时候谈的恋爱，不但会让他们付出比之前更深的感情，而且还会伴随双方一些身体上的接触。在这里，我们只讲恋爱本身，至于恋爱期间的身体接触，我会在后面的章节中提及。

　　很多父母都希望自己的孩子在成人之前不要谈恋爱。不说身体上的接触，父母最担心的无疑是害怕恋爱会导致学习成绩下降。然而，恋爱其实就是青少年们的日常和现实。也就是说，很多青少年都会谈恋爱。走在大街上，我们时常能看到一些穿着校服、牵着手的小情侣，而我们的孩子说不定就是其中之一。

　　我不是学习专家，所以无法准确地说明恋爱和学习成绩之间的关系，但可以确定的是，向父母隐瞒自己恋爱的事实比学习成绩下滑更糟糕。若是父母以学习成绩下滑为由阻挠孩子谈恋爱，那孩子多半会瞒着父母偷偷谈恋爱。只要孩子有这种想法，父母是完全无力阻止的。然而，越是这样偷偷恋爱，越有可能因恋爱而出事。

若是真的担心谈恋爱会影响学习成绩，你不妨打开天窗好好跟孩子聊一聊。只要父母将自己的担忧说给孩子听，孩子也会提出自己的解决方案：比如，不会跟女朋友长时间通话、只会跟女朋友在图书馆学习等。

我认为谈恋爱也有很多优点，并不只是为了单纯地"寻求快乐"。尤其对于男孩子来说，恋爱会使他们重新思考和领悟性别敏感性的概念。例如，平时经常贬低女性的男孩会很难找到女朋友。如此一来，他就会思考"我到底为什么找不到女朋友"的问题，然后会为了改变自己而做出努力。

不过，若是在这个过程中，孩子没有找准方向，说不定反而会对女性产生更深的偏见。例如，他们不会想着从自己身上找原因，而是会产生"女人果然是个麻烦"的念头。就算是为了阻止这样的事情发生，父母也得创造能够让孩子轻松讲述自己恋爱的环境，即父母要成为孩子最信任的恋爱导师。

儿子的性教育 25
父母所能容忍的
儿子和女朋友的恋爱尺度

　　在我看来，父母为孩子定下跟异性朋友之间的亲密尺度不见得是什么好方法。最好的方法是告诉孩子一个原则，即情侣之间的亲密举动不可以超过双方协商过的、经过对方允许的、自己能够负得起责任的范围。

　　很多孩子要么是为了更加亲近对方而强制做出亲密举动，要么是害怕对方离去而无可奈何地接受对方的亲密行为。因此，父母需要仔细确认，对于身体上的接触，自家的孩子会不会真正将对方所表示的"NO"当真；或者在自己不愿意的时候，是否会明确地跟对方说"NO"。

　　另外，父母还要确认孩子的恋爱对象看待情侣之间亲密举动的态度，而这些都需要通过与孩子的沟通进行了解。若是孩子的对象也不会明确地表达自己的想法，那同样说明孩子的恋爱存在问题，因为这并不意味着对方对待情侣之间亲密举动的态度就是消极的。有些孩子哪怕很喜欢情侣之间的亲密举动，也有可能不愿意透露给对方。此时，父母就要告诉孩子：就像父母和子女之间需要进行沟通，情侣之间也需要不断沟通，交换对亲密举动的意见。

即使是之前充分接受过性自主决定权练习的孩子，一旦进入恋爱阶段也有可能变得手忙脚乱或频频犯错。父母需要观察的就是孩子有没有做出有违原则的行为或遭到这样的侵犯。

当然，最好的方法无疑是孩子主动向父母交代。若是父母平时对孩子的恋爱没有偏见，孩子多半会主动坦白自己最近的恋爱状况。这时，父母就要询问孩子"你跟那孩子发生身体接触时有没有告诉她，你不喜欢这样的行为""你与她有身体上的接触时，她有没有对你说'NO'？听到她这么说时，你是怎么做的"等问题，然后根据孩子的回答一起纠正错误的恋爱方向。

我一向告诉自己的孩子，两人的交往中最重要的就是交心，即交流感情。无论是男人还是女人，亲密的举动都是感情的表现，所以必须是发自肺腑做出来的行为。因此，在做出亲密举动之前，必须要确认自己的内心。即要区分自己是真的喜欢对方而做出这种行为，还是只是单纯出于好奇心理才做出亲密的举动。若只是出于好奇心理，那孩子很有可能就是将对方视为自己发泄性欲的对象或只是单纯地被对方的外貌所吸引；反之，若是真心喜欢对方，那他就会专注于自己的感情，甚至是专注于对方的感情。

儿子的性教育 26
如果从孩子的兜里翻出避孕套，该怎么办？

假如你在浏览器搜索栏里打上"青少年"和"避孕套"两个词，你就会发现上面有很多孩子提出的与避孕套相关的烦恼，如，"我是个初中生，想买个避孕套，究竟是该去超市买，还是该去药房买？"这说明孩子们对性开窍的时间比父母们预料的还要早。

如果从孩子的兜里翻出避孕套，父母多半会感到很荒唐。不过，父母并没有必要太过激动。要知道，若是孩子执意要和异性发生性关系，父母是完全没有能力去阻止的。

不过，在没有得到证实的情况下，哪怕从孩子的衣兜里翻出了避孕套，父母也最好不要凭空猜测妄下定论，认为孩子与别人发生过性关系。当然，孩子确实有可能与异性发生过性关系，但也有可能只是出于好奇心理才将避孕套带在身上。因此，父母最好不要急着教训孩子，而是应先好好向孩子询问。

如果是认真接受过避孕教育、真正懂得避孕的孩子，我们就应该毫不吝啬地夸奖他。因为这说明孩子确实将学习的内容付诸实践了。

此时教育孩子的原则与父母对待成人电影的情况相差不大，即不要想着阻拦孩子，而是应该培养孩子的判断力。其中，最重要的依然是与孩子的沟通。父母应询问孩子，为何携带避孕套、有没有正在交往的女朋友等问题，然后再做出应对。若是孩子回答说有女朋友，就让他思考一下，双方的关系里是否存在没有获得对方同意的亲密举动、相互之间有没有欺负对方的情况发生等问题。

搜出避孕套的对象是儿子就无关大雅，搜出避孕套的对象是女儿就是天大的事情，这样的思维其实是错误的。很多父母往往对儿子的性非常宽容，但对女儿的性就非常严格。无论是儿子还是女儿，教育的原则都应该是一样的。

假如从从未与父母一起讨论过避孕知识的孩子身上翻出了避孕套，那父母可能会感到更加荒唐。不过，没关系，父母只要对儿子展开正确的性教育就可以了。因为这说明孩子在父母疏忽大意的情况下通过其他路径获得了性知识。遇到这种情况，父母没必要太过激动，耐心地通过对话解决问题才是关键。

儿子的性教育 27
从避孕教育过渡到计划性爱

　　大家觉得现在的孩子第一次经历性爱是在什么年龄段？ 2016年韩国疾病管理本部进行的"2016年青少年健康形态网络调查"中显示，韩国国内初中、高中学生们第一次接触性爱的平均年龄为13.1岁，而承认与异性发生过性关系的人数占据总调查人数的6.3%。尽管很令人惊讶，但这就是当前孩子们的实际情况。

　　强行让孩子扼制性欲的性教育已经没有任何意义。只有在"同意发生性关系"的前提下，传授孩子安全进行性关系的方法才是有利于现实的教育方法。事实上，在上性教育课的时候，孩子们的提问也是以"口交也会得性病吗""不喜欢用避孕套，难道就没有什么其他避孕办法吗"等询问有关实际性爱过程中可能发生的事情居多。

　　首要问题无疑是让孩子掌握具体的避孕方法，尤其要掌握避孕套的使用方法。不过，最核心的问题还不是这个，而是在第一次与异性发生性关系之前确立一个计划，我称它为"计划性爱"。

现在的情侣很喜欢过纪念日。除了过"恋爱百日"之外，他们还会过"七夕节""情人节""白色情人节"等节日，甚至还会为此提前制订具体的计划。第一次发生性关系时，最好也要提前制订计划。不过，前提是双方都同意发生性关系。

假如与情侣沟通第一次性爱的事情，即展开一场"性爱对话"，那他们不可避免地会聊到发生性关系的时间、场所，以及当天准备的东西等内容。在这个过程中，双方可以相互确认喜欢做的事情和不喜欢做的事情，同时心理上也能有一个准备。

很多情侣之间发生第一次性关系属于突发性的情况居多。他们没有商量过如何发生第一次关系，只是在相互试探的过程中，在一个很突然的时间段和陌生的环境里，没有任何心理预期地发生了性关系。这样的性爱是绝对要避免的。计划性爱才是最好的结果。

计划性爱是一件更加浪漫的事情。这就好比准备旅行的过程比实际旅行时更加激动人心一样。另外，建立性爱计划会令人更加慎重地对待性爱。因为在聊性爱准备事项的过程中，双方都会慎重地考虑，对方是否是适合与自己发生性关系的人及双方能否相互享受性爱的问题。

最后，计划性爱的宗旨是让第一次性爱成为情侣双方怀着激动的心情策划的一场"活动"，而并非让它成为一个让人不知所措的突发事件。毕竟越是重要的事情就越需要提前准备，不是吗？

4

正因为是儿子，所以更需要接受性暴力教育

父母需要知道的 16 件有关性暴力的事项

一开始为孩子解释性暴力概念过程可能非常困难，所以我建议孩子的父母们最好从"感觉训练"开始教起。"感觉训练"是一种不断询问孩子的感觉是好还是坏的对话方法。

不惊不慌
笑对儿子的
性教育

儿子的性教育 28
这是一个新时代

性暴力一直是我们社会反复提及的问题。作为典型，1992年发生在韩国首尔大学的申教授事件使得人们明白性骚扰也属于犯罪行为；2008年的赵斗淳事件则使韩国政府加重了对儿童性犯罪的量刑。

若说以前人们提及的性暴力问题只是属于个别情况的昙花一现，那"Metoo"运动则是群策群力掀起的巨大浪潮，两者的影响力根本无法相提并论。"Metoo"运动使得我们开始正视社会生活中无处不在的性暴力。

我认为"Metoo"运动将成为打开崭新时代大门的一把钥匙。从今往后，人们对性暴力的认知将得到强化、受害者将能够发出自己的心声、对性犯罪人的处罚也将得到强化。哪怕现在无法得到令人满意的结果，至少大致的方向已经确定下来。

因此，在性教育过程中，性暴力也是需要重点讲述的部分。孩子们需要正确认识性暴力，而父母则要在帮助孩子了解性暴力的同时，防范孩子介入性暴力事件当中。

　　性暴力本身是一个痛苦的主题。如果联想到自己的孩子有可能成为性暴力事件的当事人，父母们会感到心如刀割。然而，逃避只会让痛苦变得更深。因此，我希望父母们能够认真阅读本书第四部分的内容。

儿子的性教育 29

性暴力并不只是拥有女儿的父母们需要担心的问题

　　看到反映性暴力事件的新闻，拥有女儿的父母们都会感到非常担忧："真担心我的女儿也成为像她们那样的受害者。"

　　然而，这真的只是拥有女儿的父母们才应该担忧的问题吗？我认为拥有儿子的父母理应像拥有女儿的父母一样担忧才是。虽然儿子也有可能遭遇性暴力事件的危害，但拥有儿子的父母们往往对此不以为然。

　　根据性别，性暴力可以分为四种类型：它们分别是男性对女性施加的性暴力；男性对男性施加的性暴力；女性对男性施加的性暴力，以及女性对女性施加的性暴力。当然，从具体比例上来讲，男性对女性施加的性暴力案例是最多的，但这并不意味着我们就可以忽视男性沦为性暴力受害者的情况。

实际上，在韩国，从 2010 年到 2014 年期间，男性成为受害者的性骚扰事件从 702 件上升至 1375 件，即五年时间里共增长 195%。另外，性暴力受害支援中心——向日葵中心的调查资料显示，整体性暴力受害者人数当中男性受害者比例占整整 5%。于是，从 2012 年开始，韩国法律上的强奸受害人范围从"妇女"扩大至"人"。

要知道，我们的孩子也随时有可能成为那种性暴力事件的受害者。还记得韩国 30 多岁的女教师与小学六年级学生发生数次性关系的事件吗？这位教师最终因强奸未成年人的罪行被拘留，而受害儿童则接受多次心理治疗。

孩子是男孩并不意味着他就能够摆脱性暴力的威胁。在韩国，某地方自治团体（地方政府和议会）团长的儿子在军队因虐待新兵被发现后引发了极大的争议。而那位团长儿子的虐待行为中就包含着性骚扰。虽然这件事情最终被揭露，但事实上，在军队或职工宿舍等形成团体生活的地方，没被揭露的性暴力事件不在少数。

最近，韩国还出现了一个叫"数码型性暴力"的新词。它是代替"偷拍"一词的新型网络用语。近年来，小型摄像头制作得越来越小巧，以至于安装之后很难被人们发现。据说，每年韩国都能从卫生间里搜出超过 1000 个小型摄像头。而在这样的事件中很多男性都成为了"牺牲者"。事实上，现实中也有在偷拍男性的过程中被抓捕的事例。

由于人们普遍拥有"性暴力是男性施加于女性"的偏见，因此很多父母通常都疏于儿子的性暴力教育。在这样的情况下，成为性暴力受害者的孩子往往会感到手足无措，不知道该如何应对。甚至，有些青少年受害者因自尊心而不敢将事情透露给父母。自己身为男人却遭到性暴力，这样的情况让他们感到难以启齿。所以，拥有儿子的父母要舍弃置身事外的态度，同时还要加强对性暴力的警惕心。

儿子的性教育 30
我的儿子也有可能成为加害者

性暴力事件中不但有受害者，还有加害者。因此，我们不得不考虑孩子成为加害者的可能性，即需要考虑我们的孩子对别人施加性暴力的情况。

男性对女性施加性暴力的比例最大，这也意味着男性成为加害者的可能性更大。更何况，相比女性对男性施加的性暴力情况，男性对男性施加性暴力的情况更多。在男子学校、军队、男性较多的公司等由大多数男性组成的团体中，性暴力受害事件往往比我们想象得还要多。而这些事件里的加害者们也并非什么外星人，而是我们某一个父母的孩子。

然而，哪怕事情发展到这种地步，很多父母都不愿意承认自己的孩子有可能成为加害者、犯罪人的事实。他们通常会说："我们家孩子不是那样的人。"但是父母真的完全了解自己的孩子吗？即使是在父母面前乖巧懂事的孩子，到了外面也有可能成为性暴力的加害者。要知道，缺乏扼制性欲望能力的人都有可能成为性犯罪人，但相对来说，儿子在这方面的训练结果远远不如女儿做得好。

对于性冲动，相比女儿，父母往往对儿子更加宽容，因此在发生性暴力事件时，他们不但不会责怪自己的儿子，反而会觉得自己的孩子只是出于好感才跟对方开了个玩笑而已，对方却有些小题大做了。这说明父母本身就不懂得区分开玩笑和犯罪。因此，父母们不应该再对受害者说"他只是跟你开个玩笑，所以请你原谅他吧"之类的话了，而是应该跟孩子一起接受性暴力教育。

不过，庆幸的是，现在的社会氛围比以前要好很多。最近，有很多拥有儿子的父母来到我的讲座，向我询问有关儿子性暴力的问题。不得不说，这样的父母渐渐增多是一件非常令人欣慰的事情。

儿子的性教育 31
加害者们普遍拥有的错觉

　　我经常会遇到一些性犯罪者，因为他们需要义务性地接受一些性暴力预防教育。他们的情况多种多样：有性骚扰、有猥亵、有强奸未遂，他们中的一些人甚至还戴着电子脚链。

　　我询问过他们为什么要这么做，而他们大都做出了类似这样的回答："我和那个女孩一起到电影院看电影，结果那个女孩睡着了，还将头枕在我的肩膀上。我以为这个女孩想要和我睡觉。"另外，还有人是这么说的："那个女孩用手托着脑袋看着我。我觉得这是女孩在诱惑我，想和我发生关系。"

　　最近，还有一个人是这么告诉我的："我最近开始去教会，可是有一个女孩总是面带微笑看着我，对我打招呼说'你来啦'。她经常请我喝咖啡。我没去教会的时候，她还会给我发短信说：'这周为什么没来啊？下周一定要来哦。'我以为她喜欢我，希望能和我发生一点关系。"

于是，我告诉他说："她这不是喜欢你，而是在对你传教。我看到你来咨询，不也会给你倒咖啡吗？你没来的时候，我也会发短信叮嘱你下次一定要来。另外，我跟你聊天的时候也会经常微笑啊。难道这就意味着我喜欢你吗？"

听到这样的故事，你会不会感到很荒唐？可是我遇到的性犯罪者当中，大多数都抱有这样的想法。我们的社会有多少性犯罪者？又有多少性犯罪者逍遥法外？

关键是同情这些性犯罪者心理的人们更多。他们觉得："肯定是被害者给他留着一些余地，不然他怎么可能强行做出这样的事情来？"尽管可能存在一些差异，但这种心理和性犯罪者们所拥有的错觉没什么两样，而且无异于对被害者的第二次加害。

性相关意向不应该通过自己的猜测进行判断，而是必须获得对方的同意。我们只有提出寻求同意的询问，并获得"YES"的回答之后才能进行下一步行为。

总的来说，还是性自主决定权的问题。如果接受过正确的性自主决定权训练的孩子，无论处在何种情况下都会懂得尊重别人的性自主决定权。他们更不会同情性犯罪者的心理，对被害者施加第二次伤害。哪怕是为了防止我们的孩子成为加害者，我们也要对他们进行性教育。

儿子的性教育 32
从"感觉训练"开始教起

　　一开始为孩子解释性暴力概念的过程可能非常困难，所以我建议孩子的父母们最好从"感觉训练"开始教起。"感觉训练"是一种不断询问孩子的感觉是好还是坏的对话方法。在进行感觉训练时，我们可以教孩子在感觉不好的时候该怎样应对。

　　我之所以强调感觉训练，是因为孩子无法懂得分辨好人和坏人，更无法区分对方行为的好坏。不过，他们至少知道自己有什么感觉，因为那是他自己的感觉。

　　另外，在父母与孩子有身体接触时，父母询问孩子"要不要妈妈抱你""要不要爸爸亲你"等问题的原因也与感觉训练有着极大的关联。因为在这过程中，孩子会根据父母的询问不断思考自己当前是什么感受。

　　在法庭上，对性暴力事件进行审判的时候，法官也会经常询问受害儿童当时的感受。虽然不去法庭才是最好的结果，但我还是认为父母有必要了解这一点。

接下来，我给大家详细讲一下进行感受训练的具体方法。在韩国，《波鲁鲁》是孩子最喜欢观看的动画片之一。而父母在和孩子一起看完《波鲁鲁》之后，就可以问问他"你觉得现在波鲁鲁的心情是好还是坏""换成是你，心情会怎么样"等问题。之后，你还可以以"所以波鲁鲁是怎么做的""换成是你，你又会怎么做"的方式与孩子展开对话。

事实上，这种对话方式在观看任何节目时都行得通。我们假设在看《蜡笔小新》。事实上，在动画片中，小新经常会做出一些与性有关的无礼举动。这时，我们就可以以"你觉得小新这么做，家人们会喜欢吗""你觉得像小新一样的孩子能够交到女朋友吗"等方式展开对话。即使观看的不是少儿节目，而是电视连续剧、电视广告，甚至是漫画书，我们都可以用这种方式进行对话。因此，我们应该尽可能利用一切机会与孩子展开这种对话。

不过，想要对孩子提这些问题，父母就必须掌握节目情节的基本脉络。因此，父母必须陪着孩子一起观看，而不是让孩子自己观看，然后只询问问题。例如，在电视连续剧中，男主人公强行拥抱了女主人公，孩子看到这个画面时有可能会回答说："两个人相互喜欢，所以才抱在一起。"毕竟画面中想要刻画的就是这种故事情节。但遇到这种情况，父母就必须告诉孩子为什么这么做是错误的。

儿子的性教育 33
"你不要……"的方式不够准确

　　不只是在性教育过程中，就算是在平常教育孩子的时候，我们最好也使用"我们应该……"的表达方式，而不是使用"你不要……"的表达方式，即要使用一种肯定模式的教育方式。

　　我们可以用教育避让消防车的案例进行解释。我们可以对比一下这两个场景：一个是消防车想要通过，但被其他车辆堵住路口，而父母看到后对孩子说"我们不可以这样"的教育方式；而另一个是，当看到消防车经过时其他车辆主动避让的场景，父母对孩子说"我们应该这么做"的教育方式。你觉得哪一种教育方式更有效？答案自然是后者。

　　父母们经常对自己的孩子说："不要跟着陌生人走""不要去危险的场所""不要太晚回家"。不过，最好的方法其实是告诉孩子遇到那种情形时应该怎样应对。

单单进行"谁把手伸进你衣服里，你就要大声叫嚷"等程度的教育是不够的。除了口头上的说明之外，最好要假设具体的情景，再进行应付这种情况的训练。这与学校组织的火灾应急训练一样，都属于一种角色扮演游戏。

妈妈：好，现在假设妈妈是一位陌生的叔叔。

孩子：嗯。

妈妈：你现在正在回家，但是突然有一位叔叔走了过来。

孩子：嗯。

妈妈：叔叔会跟你搭话。你是不是住在这个小区呀？我去一个地方不知道该怎么走，你能帮帮我吗？

孩子：您还是问问大人吧。

妈妈：叔叔太着急了，你快帮帮我。（急忙拉住孩子的手）

孩子：不要！不可以！然后，我就快速逃跑。

妈妈：做得很好。回家之后，你该干什么？

孩子：跟妈妈说刚才遇到的事情。

妈妈：没错。做得很好。

爸爸：如果在商店里买到心仪的东西，结算时你该怎么办？

孩子：给老板钱。

爸爸：你正打算给他钱，这时商店老板对你说："哎哟，你长得真可爱。过来坐我腿上，好不好？"

孩子：不，我不要。

爸爸：哎，别这么小气嘛……（说着想要抱孩子）

孩子：不要！（逃跑）

爸爸：很好。就应该这么做。你做得很不错。

这些只是简单的事例，但可以根据孩子的反应，设置各种场景。事实上，孩子也有可能犹豫地说"我不知道该怎么办"；或者做出"我就给他坐一会儿"等错误的回答。不过，即便是这样，父母也不能责骂他，而是要耐心地给他解释，引导他做出正确的行为。

除了上述的情况之外，父母和孩子也可以尝试假设其他情况。例如，在无法叫喊的情况下该怎么办、跟朋友在一起时该怎么办，各种情况都可以进行假设。另外，不要忘了询问孩子的想法。

儿子的性教育 34
要小心陌生人？
不，认识的人更危险

　　提到性暴力，大家会联想起什么场景？想必大家都会联想到在人迹罕至的场所被一个陌生人欺负的场景。

　　当然，这样的情况确实很多。然而，官方统计资料显示的结果却让人大感意外。因为更多的性暴力是来自邻居、朋友等身边的熟人。熟人施加的性暴力多半是依赖年龄、地位等自己所拥有的权威。

　　尤其在家庭内部发生的性暴力，我们称之为家庭性暴力。由于生活在同一个空间里或需要经常见面，所以其伤害并非是一次性的，而是会持续性地发生。它有可能从幼年时期开始延续至青少年时期，甚至是成人时期，因此被害者的心中往往充满了背叛感、报复心理、疏离感等纠结的情绪。另外，在身体上、心理上、社会生活方面，他们还会遭到更加严重的后遗症和内心的折磨。

　　你是不是在想："怎么可以对家人实施性暴力呢？莫非他们是一些拥有特殊变态性倾向的精神病患者？"但事实上，这些加害者们在外面都是一些公司职员、公务员等拥有平凡职业、精神非常正常的人。甚至，他们当中很多都是高学历者和高收入的中产阶层。他们之所以会这么做，并不是因为精神上有问题，而是他们拥有一种想要利用自己的权威轻松解决自己性欲的错误认知。

　　分析现实中的性暴力事件，我们会发现，其中大部分都与加害者和受害者之间的权力关系有着很大的关联。例如，我们可以从男性和女性、年长者和年幼者、上司和手下职工、正常人和障碍人士、国内人和国外打工者之间的关系中，观察究竟是谁在向谁实施性暴力。如此一来，我们就可以很清楚地了解到权力和性暴力之间的关系。

　　由此可见，熟人实施的性暴力对象并非只有女孩。虽说大部分受害者都是女孩，但也不能将男孩排除在外。反之，在男孩成为加害者的情况下，只要他有这种想法，妹妹、学妹等都有可能成为他的侵犯对象。另外，男性之间的性暴力同样伴随来自权力差距的等级。

　　另外，来自熟人的性暴力更难透露给别人知道，而加害者同样会利用这一点，如用"你告诉别人，我们的家就会变得支离破碎"等方式来威胁被害者。因此，被害者非常需要一个能在任何时候都相信自己、包容自己的人陪伴在身边。而父母需要让孩子相信，自己就是那样的存在，同时让他知道除了你之外，他还可以向心理医生或相关团体寻求帮助的事实。

为了防止来自熟人的性暴力，或为了让孩子尽快将事情道出来，父母必须要让孩子意识到，即使是亲近之人也不能未经自己的同意就肆意抚摸自己的身体，即要对孩子进行自主决定权教育。另外，父母要明白需要性教育的并不仅仅是孩子，还有家人。

儿子的性教育 35
重要的是生存本身

最近在韩国，人们开始将性暴力被害者称呼为"生存者"。它意指被害者不仅仅是受到伤害的被动存在，还是战胜痛苦并生存下来的积极存在。

在我们的社会，人们普遍拥有"如果一个人遭遇性暴力，那他的人生就算是毁了"的意识。而这样的思想反而会让性暴力被害者们变得更加自惭形秽，即被害者会因别人的看法而产生"我的人生完了"的念头，从而陷入恶性循环中难以走出。遭遇性暴力确实是非常痛苦的事情，但若是自己努力，周围人也能积极地提供一些帮助，那被害者完全可以克服痛苦，回归正常人的生活。

然而在我们的社会，人们对于帮助被害人转变为生存者的事情太过漠视。甚至是已经超过了漠视的程度，形成了一种指责被害者的格局。而在这样的格局中，哪怕是年纪再小的被害者也无法获得解脱。

　　最具代表性的例子就是质问被害者为什么没有反抗的情况。然而哪怕平时做过"看到别人想要实施性暴力，你就要大声呼喊"训练的孩子，当真正遇到这种情况时也很难像练习时那样做出反应。大多数情况下，被害者们往往会脑中一片空白、身体变得僵直，哪怕是大人也会束手无策地被侵犯。另外，在某些情况下，大声叫嚷反而会让被害者陷入更危险的境地。事实上，就算是我这种性教育专家，在遇到那种情况时也未必能够做出正确的应对。

　　就连大人都如此，更何况孩子呢？但就算如此，我们的社会还会追问年幼的被害者们："你当时为什么没有呼喊，为什么要乖乖地让他侵犯呢？"如此一来，被害者就会陷入"啊，原来都是我的错"的自责当中，变得更加自卑。这无疑是对被害者的二次伤害。

　　每当遇到性暴力被害者时，我都会对他们说："活着就是最值得庆幸的事情。当一个人遭遇性暴力时，被害者有没有抵抗、有没有报警，加害者有没有受到惩罚都不重要。最重要、最值得庆贺的是，你现在还活着。"我希望我们的社会是一个能够为性暴力被害者转变为生存者的事实而喝彩的社会。

儿子的性教育 36
从预防成为被害者的教育过渡到防止成为加害者的教育

　　很多人都记得韩国 2008 年的赵斗淳事件。虽然现在叫"赵斗淳事件",但最初的时候,人们其实使用的是被害者的化名,称之为"娜英事件"。直到有人提出保护被害者人权的思想,人们才渐渐将其改称为"赵斗淳事件"。这个事件为韩国人转变视角,开始认真对待性暴力问题提供了一个契机。

　　在这之前,一直都是被害者引发性暴力的观点占据主导。人们不但没有想着为加害者定罪,反倒死咬着被害者不放。这就使得被害者们举报的比例一直不怎么高,而加害者们也没有产生多少负罪感和悔意。然而,"赵斗淳事件"事发之后,加害者需要承担所有性暴力责任的观点占据了主导。

　　于是,加害者防止教育的必要性就突显出来。如"尽量不要一个人乘坐电梯"等都是被害者预防教育。若是将它改为加害者防止教育，那就是：当儿童或女性一个人乘坐电梯时，尽可能让他们先乘坐，而你则乘坐下一趟电梯，以免他们产生不安的情绪。

我再举个例子。假设在深夜，一个女人和一个男人一前一后走在路上。女人感到不安，于是就跑了起来；而男人则觉得对方无缘无故将自己当成坏人，感到非常冤枉。遇到这样的情况时，最好的处理方法是男人停下脚步，等女人走远了再继续赶路。我们称这样的行为为"距离的尊重"。也就是说，人和人之间要保持一段尊重的距离才够安全。

如果再扩大一下范围，我们还可以联想到否定以男性为中心的性文化方面。在将女性作为性对象化的、以男性为中心的性文化中，黄色玩笑、色情电影、性交易等不仅是男性的游戏和快乐，还是获取和强化大男子主义的核心。这种文化会扩大女性对性暴力的恐惧，具体方式为：限制女性的活动领域、约束女性的衣着打扮和言行举止等，即他们不但不会想着改正以往歪曲的性文化，反而会强迫女性小心翼翼地活着。

就像这样，将女性视为工具，同时想要进行支配的以男性为中心的歪曲性文化，会通过男性集团的共谋和连带关系一直维持下去。而加害者防止教育，可以说是一种防止这种文化持续再生的积极教育方式。

儿子的性教育 37
男孩子欺负人是喜欢别人的表现吗？

　　这是某一位妈妈告诉我的事例。有一天，学校来电话告诉妈妈说，她女儿的膝盖受伤了。妈妈心惊胆战地问班主任老师："我们家孩子是怎么受伤的？"班主任老师说："是她的同桌推的她。"妈妈问老师："他为什么要推我女儿？"班主任老师回答说："或许是因为喜欢她吧？"

　　后来，妈妈带着女儿去医院。护士看着女儿的膝盖向她问道："你是怎么受伤的？"女儿回答说："是我的同桌推的我。"护士说："哎呀，看来他是喜欢你啊。"

　　这是多么奇葩的逻辑啊！一个人攻击另一个人受伤了，可人们居然会解释成"这都是因为喜欢你"。难道喜欢一个人就可以让她受伤吗？从什么时候开始，伤害一个人成了喜欢她的表现？关键是除了孩子之间，这种逻辑同样适用于爱人和夫妻之间。难怪社会上数码型暴力和夫妻强奸会泛滥。这无疑是给加害者赠送了一枚免死金牌。

我们必须要将喜欢一个人和欺负一个人区分开来。喜欢就是喜欢，欺负就是欺负。男孩欺负女孩被视为是喜欢对方，这样的文化完全是由大人们制造出来的。

曾经一度流行的"坏男人风"，也是在这种错误文化的影响下形成的。原本应该远离坏男人才是，但一些女孩却偏偏对他们趋之若鹜。正因为女孩们从小将男孩欺负自己的行为当作是喜欢自己，所以长大后才会对坏男人产生"他是真心爱我，所以才会做出这种行为"的想法。与此同时，她们丝毫察觉不到自己是被害者的事实。

我们要明确一件事情：无论什么情况，暴力始终是暴力，坏男人终归是坏男人。另外，错误的性教育会培养出坏男人，正确的性教育会培养出好男人。

儿子的性教育 38
改变对性暴力的误解

我们的社会普遍存在不重视性暴力问题的倾向，而助推这种倾向的有几种代表性的误解。这里所说的误解，我们还可以理解为偏见或固有观念。在观察下面几种误解的同时，父母们也要自行确认自己的心中有没有这种误解。

误解 1　性暴力只发生在年轻女性身上

也就是说，年轻的女性会以性感的魅力刺激年轻男性的性欲，从而引发性暴力。但事实上，性暴力被害者的年龄段从四个月大的婴儿到 70 岁高龄的老奶奶，跨度非常大。根据统计资料显示，所有被害者中，未满 13 岁的儿童占 22.7%，而 2.7% 的受害者为男性。

由此可见，性暴力的对象不局限于年轻女性。从属于某个集团的弱势群体均有可能成为性暴力的被害者。即使是一位健壮的男性，到了军队成为弱势的一方，也有可能沦为性暴力受害者。

误解 2　女性暴露的着装和行为会引发性暴力

这一条与误解 1 的内容有所关联，意思是女性的穿着打扮和行为有可能成为性暴力的原因。拥有这种误解的人常常会以一种为别人着想的口吻，劝告女人不要穿短裙。

而之前的统计结果表明，这种误解并不符合实际情况。对于遭到性暴力的儿童，你能说"是你的衣着有问题，所以才引发了这种后果"吗？公司内的性暴力又该如何解释？要知道注重风格、要求职员穿正装的大企、国企中也是有性暴力事件发生的。

实际上，哪怕被害者穿着暴露的衣服也不意味着她允许别人对自己实施性暴力。有没有允许性相关行为并不能依靠对方的衣着打扮进行判断，而要看对方有没有亲口答应。

误解 3　女性希望自己被强奸或享受被强奸的感觉

女性享受性暴力的观点是对待性暴力最无知、最伤害被害者的误解。这种误解完全否定了无数性暴力被害者们所阐述的充满痛苦的证言，更何况其中还包含很多年幼的性暴力被害者。

我认为是那些极端内容的淫秽作品加强了这种误解。在那些淫秽作品中，被强奸的人往往开始很抗拒，但在中途会改变态度变得很享受，甚至反过来要求更加激烈的性关系。若是经常观看这种淫秽作品，人们会对淫秽作品中的情景信以为真，从而树立歪曲的性观念。

如今，人们看问题的能力得到提高，从而使有很多儿童登场的淫秽作品受到了管制；但事实上，试图以这种方式美化性暴力的淫秽作品同样要得到管制。

误解4　导致性暴力发生的是男人不可抑制的性冲动

它是指男人的性欲是本能的、冲动的、无法抑制的。然而，男人的性冲动并非不可抑制。导致性暴力发生的并不是男人的性冲动，而是男人们将攻击性的性行为默认为"男子汉行为"的思考方式，以及助长这种氛围的社会风气。可以说，他们以歪曲的方式行使着自己的力量和权利。

更何况，性暴力不只出现于男性和女性之间。尽管不多，但女性成为性暴力加害者的情况也确实存在。

大家难道不觉得疑惑吗？为何人们会对性暴力中的男性本能如此宽容？人类原本还具有杀戮的欲望，但最终却被扼制了，还发展出处罚杀人犯的文化。因此，对于犯下杀人罪的人，人们绝不会用"因无法抑制的冲动"之类的借口来庇护杀人犯。可是对于实施性暴力的人，我们为什么要庇护它？总的来说，这就是错误的文化带来的后果。

误解 5　除了女性提高警惕之外，没有什么办法可以防止性暴力

它的意思是想要防止性暴力的发生，女性只能多加小心。说得难听点，就是女性自己看着办的意思。这同样是将责任推卸给女性被害者的逻辑。

事实上，女人活得非常小心，因为她们始终沉浸在性暴力的阴影下。但哪怕如此小心，一些女人依然会遭遇性暴力。让女人小心的逻辑并不符合实际，而且也没有什么效果。

因此，想要杜绝性暴力，最终只能将目光转向防止加害者产生的方面。我们需要重视的并不是个别的加害者，另外，我们也要深刻反省当今社会文化在制造加害者的事实。因为这才是能够防止性暴力的最有效、最根本的对策。

儿子的性教育 39
检测性暴力指数

我们绝不能将性暴力当作少数人的偏激行为。生活在歪曲的性别文化当中，我们都有可能成为性暴力的加害者或被害者。说不定平日里，我们糊里糊涂地就在默认性暴力、责备被害者。因此，我们首先应该正视歪曲的社会格局。

下面是检测性暴力指数的内容。通过这些提问，我们可以检测到自己的性暴力实施可能性。虽然它的检测对象是男性，但女性读者们也可以试着检测一下。父母最好先跟孩子一起检测，然后根据具体情况与孩子进行沟通。

性暴力指数检测

（1）男性要努力照顾妻子或女朋友，但觉得没必要太过照顾其他女性。 √ ×

（2）所谓的好男人就是懂得保护女性、照顾女性的男人。√ ×

（3）感到生气、痛苦、疲惫的时候，很难开口说出来。√ ×

（4）觉得穿着暴露的女性，在性关系方面也会很开放。√ ×

（5）性关系应该由男人主导。√ ×

（6）在接吻或触摸对方身体时，询问对方求得同意是一种很丢人、很破坏气氛的行为。√ ×

（7）性暴力的发生，被害者也要负一定的责任。√ ×

（8）夜晚，女性随男性来到酒店或家中就是答应与自己发生性关系的意思。√ ×

（9）看到别人有丰富的性经验就会感到很羡慕。√ ×

（10）对性行为热衷的女性一定有过很多性经历。√ ×

（11）女人们隐隐会被有魄力、性格豪放的男人所吸引。√ ×

（12）即使喜欢的女性不喜欢自己，男性通过不断示爱获得爱情，这也是一种浪漫和纯情。√ ×

（13）不是很理解女性，不知道该怎么与女性交流。√ ×

（14）生气的时候，无法直接对惹自己生气的人表明自己的态度或进行解释，反而朝其他人闹情绪或撒气。√ ×

（15）懂得比关心自己更关心男性，相信并依赖男性的领导，懂得尊重男性的女性才是男性最向往的女性。√ ×

分数

选"√"得1点，选"×"无点数。

15 点 −7 点　红色信号灯！你应该更加关注周边人的情绪，同时要学会适当地表达自己的感情。

6 点 −3 点　黄色信号灯！你反对暴力、支持平等，但需要更加努力地观察周边人的情绪。

0 点 −2 点　绿色信号灯。你有着健康的性观念。你要将自己有用的经验和积极的感受传播给周边的人。

儿子的性教育 40
当孩子遭遇性暴力时
表现出来的"症状"

　　我们的孩子也有可能成为性暴力被害者，即使父母再关注孩子，也无法保证孩子不会遭到性暴力。

　　遭遇性暴力的时候，孩子若能够将事情的经过告知父母自然最好，但事实上，很多孩子都做不到这一点。有可能是孩子不清楚自己遭遇了什么；也有可能加害者是个熟人，孩子担心双方的关系变得糟糕而不敢讲出来。

　　当然，若是从小接受性自主决定权训练的孩子，很可能会直接告诉父母。但父母也知道，孩子从来不会老老实实地按照自己训练的那样或父母预料的那样行动。

　　正因为如此，平时父母应该多观察孩子的行为。遭遇性暴力的孩子，即使口头上不说，也会从身体上、心理上表现出来，因此父母一定要灵敏地捕捉这种"症状"。

身体上的"症状"，就是出现在生殖器或肛门上的伤口。即使伤口不明显，只要孩子在洗澡的时候表现出不舒服或疼痛的样子，父母就要多注意观察孩子。另外，嘴巴上的伤口也不容忽视。因为加害者在强迫孩子进行接吻或口交的时候，有可能会在孩子的嘴巴上留下伤口。遇到这样的情况时，孩子有可能经常会做出干呕的行为，所以要更加留意。

心理上的"症状"，是孩子做出性行为相关的行动或表现。例如，利用玩偶做出进行性行为的动作或用笔画出生殖器流出精液的图画等。很多父母认为这是孩子接受性教育后的表现，但事实上，性教育中并不会告知他们如此具体的情况。

另外，遭遇性暴力时，孩子还有可能突然表现出不安或犹豫的样子。他们会毫无缘由地发脾气、和小朋友打架、该笑的时候哭，甚至一些未入学的孩子还会出现尿床或吸手指等退步行为。另外，孩子还有可能表现出失眠、社交恐惧、食欲减退等类似于忧郁症的症状。

不过，即使怀疑孩子遭遇了性暴力，父母也不要催逼孩子，更不要表现出大惊失色或惶惶不安的样子。你要明白，孩子本人才是当前最不安的存在，因此一定要镇定地与孩子交流。

儿子的性教育 41
如果孩子遭到性暴力该怎么办？

　　当得知孩子遭遇性暴力时，大多数父母的反应是"孩子说的是真的吗"。因为他们不愿意相信自己的孩子遭遇了这样的事情。若是得知加害者是家人或亲戚时，他们会更难以接受。但越是这样，我们就越要相信孩子的话。在这种情况下，责怪孩子是不可取的行为。

应该对孩子说的话：

爸爸妈妈相信你。

这件事情不怪你。

不是因为你是坏孩子才发生这样的事情。

差点就出大事了。幸好事情不是太糟糕。

换成其他孩子也会和你一样。在那种情况下，任何孩子都会束手无策。

只是那个地方疼，其他地方都没什么事情。

你生气是应该的。

不能对孩子说的话：

你说的到底是真话还是假话？

我一定会为你报仇。

你为什么要去那里？

我早就说过别和他一起玩。

你怎么不小心点？

我早就说过让你小心那个人。

我有没有说过让你不要跟着陌生人走？

怎么不早点告诉我？

好了，别再说了。

这件事情等以后再说吧。

——首尔向日葵中心（儿童）

当父母得知孩子遭遇性暴力时，一定要马上报警，父母还要尽快询问孩子，了解事情的经过。最稳妥的方法是将整个过程录音或录像并当作证据保留下来。这么做是考虑到要为日后有可能涉及的法庭审判做准备。

不过，这时有一点需要格外注意。那就是要避免以"是那位叔叔做的吗""是不是在那位叔叔的家里"等诱供方式的提问。这种提问方式会被看作是父母诱使孩子按照自己的意图进行供述，因此会让被害人在法庭上处于非常不利的地位。父母应该对孩子进行如"是谁做的""那里是哪里""那是几点发生的事情""摸了你哪里"等"开放式的提问"。尤其，对于事发时间和事发场所，父母不可以主动提及，而要让孩子自己进行思考并回答。如果孩子愿意进行回答，父母可以询问一些细节，即以"你还记得那位叔叔穿着什么样的衣服吗""什么？穿着蓝色裤子？什么样的蓝色？是牛仔裤一样的蓝色吗"等提问方式，扩大范围，让孩子进行回答。

不过，父母提问时不可以催逼孩子做出回答，因为孩子此时在情绪上正处于非常混乱和不安的状态。因此必须要一边安抚孩子，一边有条不紊地进行提问。另外，问完孩子之后，不要忘了向孩子说："谢谢你告诉我这些。"

事实上，父母有可能很难向孩子询问这些事情。毕竟遇到这种情况时，父母也会感到荒唐和生气。如果实在做不来，父母也不用太勉强。这种时候，父母其实可以寻找心理专家进行咨询或帮助，让他们向孩子询问事情的经过，同时进行录像和录音。

与询问孩子同样重要的事情是，确保留存一些能够成为证据的东西。如收集孩子穿过的衣服、加害者的指纹或沾有唾液的玩具等东西。不过，需要注意的是，尽量在24小时之内送给警方，且尽量不要超过72小时。尽管现在的调查技术非常发达，哪怕经过比以前更长的时间也有可能提取到指纹或唾液，但无疑时间越短，其准确性也越高。另外，孩子的身体上也有可能残留加害者的指纹或唾液，因此调查结束之前最好不要给孩子洗澡。

另外还要确认监控。如今，很多地方都设有监控，但能够保存影像的时间都不是很长。很多地方过了一两个月就会自动消除记录，因此父母要尽快申请调取监控录像。

很多父母在性暴力事件发生之后都会第一时间选择搬家。其实，这件事情很值得推敲。尤其，当孩子受到来自同一小区之人的侵犯时，父母很希望离开这个"伤心之地"。但如此一来，孩子有可能将性暴力当作自己犯下的错误，因此在搬家之前一定要先与孩子商量。

儿子的性教育 42
孩子的父母也需要接受心理治疗

　　父母最担心的部分无疑是遭遇性暴力之后孩子的不安反应会持续多久、性暴力的后遗症会不会折磨孩子一生等问题。但事实上，性暴力的伤害是可以被治愈的。适当的心理治疗可以最大限度地减少后遗症，让孩子得以以"生存者"的姿态回归平常。

　　正如我们在前面所说的那样，我们需要为被害者儿童提供心理治疗援助。对于小学低年级学生，医生可实施游戏治疗方法；而对于小学高年级学生，医生可实施心理治疗。若是孩子呈现出严重的忧郁症状，或许还会进行药物治疗。

　　至于孩子需要什么类型的心理治疗，具体应根据心理专家的判断来决定。但无论孩子接受何种治疗，其过程都离不开父母的耐心陪伴和支持。

　　我认为孩子的父母也应该同孩子一起接受心理治疗。我的意思并不是让父母与孩子一起参与性暴力心理治疗，而是让他们接受以性暴力被害儿童的父母为对象的心理治疗。

当孩子遭到性暴力时，很多父母都会陷入"我太不负责了""我不应该让孩子去那里""我不应该让孩子一个人待着""我身为妈妈，居然一直都没有看出来"等自责当中。但正如性暴力不是孩子的过错一样，它同样不是父母的过错。性暴力的责任理应由加害者背负。

每天看着因性暴力后遗症痛苦不已的孩子，父母也会承受不少压力，甚至严重时还会患上忧郁症。但就算是为了孩子着想，父母也要提起精神、稳住重心，因为父母的感受会如实地传递给孩子。如果父母无法承受心中的压力，就应该积极地接受相关心理治疗。

儿子的性教育 43
性别暴力也属于性暴力

我先前说过，性教育要发展为性别教育；同样，除了关注性暴力，我们有必要关注一下性别暴力。当然，也有人觉得为时过早，毕竟性暴力问题也是刚通过"Metoo"活动才开始受到人们的关注的。然而，我认为性暴力的引发始于性别暴力，因此性别暴力同样是孩子需要了解的内容。

假如性暴力是做出违背对方意愿的行为，那么性别暴力则包括了所有关系性别的区分和不平等。

就好比我，原先我也不是专业的性教育讲师。在这之前，我还在一家大型企业工作了八年，只是后来被公司给解雇了。你问我为什么？因为我结婚了。公司领导告诉我，结婚的女人无法继续待在公司。如果男人结婚了也会被裁员吗？不是，领导只会鼓励他更加认真工作。事实上，这也属于性别暴力的一种。

最近，女性职员的情况好转了不少。很少会有公司明目张胆地驱逐结婚的女职员。不过在韩国，很多已婚女性在生下孩子之后都会主动辞掉工作，想来大家都明白其中的原因。因为女性要一个人承担所有的家务和养育工作，所以每天累得筋疲力尽，最终只能选择辞掉工作。难道不公然叫你滚蛋就不是性别暴力吗？单方面地给女性施加负担同样属于性别暴力。

性别暴力的替罪羊只有女性吗？绝不是如此。男性也有男性自己的难处。很多父母都会对儿子说这样的话："不要哭。男孩怎么可以流泪？男孩绝不能哭泣。"正如我们所见，只因为是男性，所以父母不但不安慰孩子，反而要求孩子抑制自己的感情，这无疑是一种非常不公平的事情。这样的情况也属于性别暴力，即"你是女孩，所以……""你是男孩，所以……"之类的表现方式均属于性别暴力。

成人之后拥有所谓的女性倾向的男子很容易成为性别暴力的对象，因为他会被当作一个不符合社会要求的、缺乏男性特征的男子。

虽然性别暴力逐渐受到更多的关注，但我衷心希望，我们能从社会文化上慢慢改掉一些片面的观点。

5

青春期的男孩们会对性抱有何种疑惑

青春期男孩们最常问的 19 个问题

希望大家在看到我的回答的同时，能够好好研究一下青春期孩子们的心理。另外，我的答辩只能算是一种方向，而不是标准答案。因此，父母们也要自己思考一下该如何回答孩子们的提问。

♂

不惊不慌
笑对儿子的
性教育

提问 1
当青春期的孩子向你提问时

我做了性教育讲师以来，遇到过很多青春期男孩。本书的第五部分主要收录了我曾经被那些青春期男孩们询问过的问题，即当今青春期男孩们感到最好奇的与性有关的问题。

我之所以将他们的提问罗列在一起，是因为青春期的孩子往往对一些具体、大胆的性知识感到十分好奇。孩子们自己也意识到这样的问题，他们无法开口询问父母，所以只能通过朋友或网友相互分享情报。而他们会向我提问，大多是因为我是性教育讲师的身份。

我无比希望青春期的孩子们，能够毫无负担地向父母询问这些问题。想要做到这一点，父母就要为孩子营造从小就能大胆地将自己的想法和日常生活情况告诉父母的环境。人类从出生时开始，就是一个有性意识的存在，因此父母要认可孩子具有性意识的事实。

从现在开始，父母要仔细读一读青春期男孩们提过什么问题，而我又是如何回答的，然后分析一下这一时期孩子们的心理。另外，我的答辩只能算是一种方向，而不是标准答案。因此，父母们也要自己思考一下该如何回答孩子们的提问。根据孩子的提问，我的回答内容有可能与前面的第一部分、第二部分及第三部分的部分内容重叠。不过，希望大家就当是复习之前的内容，耐心地读下去。

提问 2
如果经常做一些性幻想，
需要自行克制吗？

　　首先，提出这样的问题说明孩子对于性幻想抱有一定的自责。若是询问他们会做何种性幻想，你会发现他们的答案可谓千差万别。

　　有一个高中生告诉我，自己喜欢班里的一个女孩。他觉得对方是世界上最美的女孩，他还说自己一旦幻想与对方牵手的画面都会导致下身勃起。后来我才知道，原来这孩子是个彻头彻尾的基督教信徒，因此一直都在扼制自己的性欲，以至于哪怕做一些不怎么出格的幻想都会使他变得异常兴奋，同时还会产生自责情绪。

　　遇到这种情况，我都会极力安慰孩子，告诉他这不是什么大事情，没必要太过担忧。我还告诉他，如果在学校里勃起可能会有点难办，所以一定要扼制冲动；但平时做一些不出格的性幻想是没必要感到自责的。

不过，有些孩子做的性幻想内容则充满了暴力、施虐的场景，以至于连我这样的大人听到之后都感到惊愕不已。而这样的情况大都是受到成人电影、成人漫画、成人游戏等淫秽物品的影响所致。

遇到这种情况，我一般都会通过提问和回答来引导孩子做出正确的判断，而不是妄下像"那是不好的行为，你绝对不可以做"之类的结论。在做这样的性幻想的同时感到不自在，说明孩子自己也认识到了自己的幻想太过施虐。更何况，询问大人要不要抑制性幻想，这样的行为本身就包含着想要克制的意志。

如果我问他们"你为什么会想着克制"，那他们大都会回答说："因为感觉这样的想法有点恶心。"届时，我就继续询问他们："你尝试过克制吗？""为了克制这种行为，你都做过什么样的努力？""身边有没有朋友怂恿你这么做？"在这种提问和回答的过程中，孩子自己就能找出答案。

提问 3
恋爱经验是不是越丰富越好？

　　虽然每个人的价值观都存在一定的差异，但我认为恋爱的次数多不多并不是很重要。与其计较恋爱次数，还不如谈一场能够让自己成长的恋爱。

　　重要的是不要谈让自己痛苦的恋爱。虽说恋爱都会带着痛苦，但我认为即使会痛苦，这种痛苦也要在自己的承受范围内。不过，这并不是说恋爱的时候要只顾自己或无视对方的感受，而是说谈恋爱的过程中感受到的痛苦，若是超出自己所能承受的极限，那这场恋爱并不是一场能够让自己成长的恋爱，而是一场伤害自己的恋爱。

　　但是也没必要尚未开始恋爱就畏首畏尾，最终放弃恋爱。要知道，恋爱是可以变化的。哪怕起初不怎么样，只要两人一起耐心经营，也能变成相互让对方成长的关系。这就是恋爱的秘诀。

一开始就谈能够让自己成长的恋爱并不是一件容易的事情。想要做到这一点，就必须与对方进行沟通。在沟通的过程中，双方要确认自己在谈什么样的恋爱、有没有在为创造更好的恋爱而努力、日后需要做出什么样的努力等问题。

　　在恋爱之前，男孩子或许对于社会上的性别结构或对女性的区别对待只是停留在表面上的理解或干脆没有了解，直到真正恋爱时，他才会领悟到这一点。因为相比家人之间或朋友之间的沟通，与爱人之间的沟通要更加深入。

　　对此，我有一个好方法推荐给大家，那就是制作"恋爱成绩表"。就像考试之后会发成绩表一样，对于自己正在进行的恋爱也可以制作出一个成绩表。至于"科目"则可以自行制订，如多长时间见一次面、每天交流多长时间、有没有认真听对方的抱怨等都可以。一年是十二个月，如果每两个月打一次分数，一年就可以打六次分数，分数会有一定的浮动。另外，可以根据自己的主观打分数。例如，在"多长时间见一次面"的"科目"中，表现为"每天都见面，但每次也就十分钟"，则可以根据自己的不满心理只给十分。

　　做"恋爱成绩表"的目的既不是为了记录自己谈了多少次恋爱，也不是为了给自己的恋爱对象打分。正如成绩表显示的是一个学生学业能力的所处阶段，"恋爱成绩表"也是一种显示"我现在在谈什么样的恋爱""我有没有在谈一个健康的恋爱"的工具，也是对比和调整相互间的兴趣和态度的工具。

如果让孩子自己制作"恋爱成绩表"，他们往往都会非常感兴趣；而且在制订"科目"并打分的过程中，他们自己就能判断出自己正在谈的恋爱是不是能够让自己得到成长的恋爱。甚至，他们会发出感慨："啊，原来我是因为这样的原因和她分手的啊！我得改正这些缺点。"然后回顾一遍自己的行为。

如果是没有谈过恋爱的孩子，则可以让他们制作一个"友情成绩表"。相比经常谈恋爱的孩子，始终是单身的孩子也不少。另外，也有一些孩子从来不谈恋爱，只追求性关系。让这些孩子用朋友代替女友制作"成绩表"，并通过这一过程演示自己的恋爱，也能对他们产生很大的帮助。

提问 4
与女友在一起的时候勃起该怎么办？

　　如果和女友在一起的时候突然勃起，双方都有可能感到尴尬，哪怕这一次的勃起并不一定跟性欲有关系。当然，勃起也有可能是因为女朋友在自己身边。

　　不过，由于女友对勃起的概念不是很清楚，所以很有可能会产生消极的想法。遇到这种情况，男朋友可以认真地进行解释，从而消除女友的误会，让女友安心。至于解释的内容自然就是"勃起不一定跟性欲有关"的内容了。解释时，男朋友要坦然地有什么说什么，没必要感到慌张。即使不会发生性关系，男朋友和女朋友之间也要对彼此的身体有所了解。

　　问题是一些男孩子会将勃起的事实作为男女之间亲热的"武器"来使用。他们甚至会欺骗对方说"勃起时必须得射精，不射出来就会生病，你帮我弄一下"，然后试图以这种方法向对方施加压力。这就好比男孩作为身体的主人不仅调节不了勃起，反而被勃起所支配。但是需要知道的是，以这种方式要求发生亲密举动的行为俨然属于性暴力。

我身体的主体是我自己，而非勃起，因此应该自己调节勃起，而不是让自己去应付勃起，这无疑是让自己成为身体的奴隶。我们不应该成为身体的奴隶，而是应该成为身体聪慧的主人。

提问 5
经常自慰会不会对身体产生坏影响？

不少男孩都担心自慰太多会影响身高或导致生殖器变形，但事实上，自慰太多并不会让身体的特定部位变形或让身体产生异常。

对身高影响最大的因素其实是遗传基因、营养，以及睡眠。遗传基因是天生注定的，但若是因自慰影响吃饭和睡眠，那确实很有可能会导致一个人长不高。不过，大部分人即使自慰，也不会自慰到这种程度，因此可以说自慰对身高的影响并不是很大。总之，想要长个子就一定要吃好睡好。

青春期是身体逐渐成熟的阶段，因此不但个子长得快，生殖器也会变大。不过，很多男孩都以为是自己的自慰行为导致了生殖器变大。事实上，生殖器的大小和自慰没有任何关系。自慰结束后，生殖器依然会返回到原来的大小。

不过对于勃起，后天的努力倒是能够产生一定的影响。勃起是阴茎充血的表现。因此，血液循环不通畅的人往往很难勃起；或即使勃起，也不够坚挺。正因为如此，抽烟会不利于血管健康，从而影响到阴茎的勃起；而坚持运动则有利于血管健康，对勃起起到加强作用。

提问 6
性生活频繁会导致女性生殖器和乳头的颜色变深吗？

　　从结论上来说，身体特定部位的颜色与有没有性经验或性经验是否丰富没有任何关联，这一点无论男女都一样。一个人的身体颜色取决于他的基因。

　　不过，女性在怀孕之后乳头的颜色是有可能发生转变的，因为她们在怀孕之后会分泌出一种影响乳头颜色的荷尔蒙。但总的来说，还是基因方面的影响大于怀孕之后分泌的荷尔蒙的影响，因此不能因为乳头颜色较深就判断对方有过身孕。很多肤色浅的人即使在怀孕之后乳头的颜色也很浅；而很多肤色较深的人哪怕没有怀孕，乳头颜色也很深。

　　然而，不少孩子都认为没有性经验的女孩的乳头和生殖器颜色应该是粉红色的，而性经验丰富的女性的乳头和生殖器则应该是深褐色的。这种错误的情报之所以会不断流传，是因为男孩的心理普遍希望自己能够遇到没有性经验或性经验较少的女孩。而男孩拥有这种心理的原因是他们没有从小就接受到正确的性别教育，从而导致性别敏感性不足。由此可见，性别教育是多么重要。

提问 7
经常运动能够让生殖器变大吗？

至今为止，没有一项运动被证明具有增大生殖器的效果。那些秘密流传的所谓"能够增大生殖器"的运动均是骗人的东西。

对生殖器大小影响最大的无疑是来自父母的遗传基因。生殖器的大小同身高、体形一样，绝大部分取决于遗传基因，即它就是天生的。

运动影响生殖器大小的情况确实存在。青春期过度肥胖的男孩有可能无法正常分泌男性荷尔蒙。如此一来，第二性征就会出现异常，最终导致生殖器无法正常成长。这样的孩子只有认真运动解决肥胖问题，才有可能让生殖器继续长大。不过，这终归是生殖器的成长出现异常的情况，而并非正常成长的生殖器再次增大的情况。

我曾询问过一些男孩，为什么希望自己的生殖器变大。对此，他们的回答则是"自然是越大越好了""只有大了，女孩们才会喜欢"等。然而，实际上真的是这样吗？

如果男性生殖器太大，那么在进行性交的时候，女性普遍会感受到疼痛，甚至还有可能导致女性阴道磨损。另外，只要第二性征的过程正常，哪怕生殖器略小，也不会对性关系产生太大的影响。根据对女性生殖器结构和性感带位置的了解，我们可以得知相比生殖器的大小，爱抚的过程对女性性满足度的影响更大。与其担心生殖器的大小，还不如多思考一下如何跟女性沟通，因为沟通才是维持愉快性关系的关键。

提问 8
生殖器的形状怪异需要
接受手术吗?

　　每个人的生殖器形状都不相同。不少人的生殖器甚至长得有些歪斜,但事实上,由于生殖器形状太过畸形,以至于需要进行手术的人其实寥寥无几。

　　不过,孩子既然提出这样的问题,也可以说明生殖器确实让他降低了自尊感。不过,导致这种情况的很可能是一些外在因素。例如,在卫生间或公共浴池受到过朋友们的嘲讽、自己与成人电影中登场的男演员有过比较、女朋友在发生性关系的途中嘲笑过他等,诸如此类的事情导致他认为自己的生殖器存在问题。对此,我想说的是能够说出这种话的人绝对不是一个好人。另外,成人电影中的男演员始终只是演员,他无法代表日常生活中的普通男性。

　　很多人担心生殖器的形状会影响到性生活的质量。但事实上,不但男性的生殖器长得各不相同，就连女人的生殖器也是千差万别。不管怎样，能够契合所有女性生殖器的男性生殖器是不存在的。或者说，男女的生殖器不可能一开始就完美契合，只能在沟通的过程中渐渐适应下去。

在对青春期的儿子进行性教育的时候，我曾使用过一种方法，那就是让孩子画一画自己的生殖器。如此一来，他需要仔细观察自己的生殖器。而在这一过程中，他会自然而然地变得肯定和珍惜自己的身体。

提问 9
情趣独特是变态吗？

你对这样的提问感到很惊讶吗？正如题目所说的那样，青春期的孩子同样存在性的意识，因此不可避免地会产生这样的烦恼。

如果孩子向我询问这样的问题，我首先会反问他喜欢什么种类的情趣。孩子们向我透露的情趣有很多种：有的孩子喜欢撕丝袜；有的孩子喜欢蒙住眼睛进行爱抚；甚至有的孩子拥有恋物癖，因此反而对生殖器以外的部位更感兴趣。

拥有独特的情趣不是什么大问题。每个人都可以拥有属于自己的情趣。

问题是他们往往会要求对方迎合自己的情趣。如果这时对方接受另一方的情趣或拥有相同的情趣自然最好，但如果对方对此表示抗拒，而另一方执意要求如此，那就成了问题。若是强迫对方迎合自己，稍有不慎就有可能造成犯罪。如果对方不同意，那另一方只能选择放弃或干脆寻找与自己情趣相同的人。

我想强调的是最好在发生性关系之前相互了解一下对方的情趣，我们姑且叫它"性聊天"吧。通过性聊天，沟通一下彼此的情趣，然后可以接受的就接受，不能接受的就拒绝，相互协商、意见一致之后再发生性关系。

自己能够接受对方何种程度的情趣也是需要考虑的部分。这时，男性应该保持开放的心态，而不是抱有"女人怎么可以要求这样的事情"的心理，即不能因为对方拥有独特的情趣就将对方视为变态。我们要承认一个人的多元性。

如果性聊天进行得顺利，我们不但能够接受彼此的情趣，说不定还能发现自己隐藏在内心深处的新情趣。因此，不要想着从一开始就寻找符合自己情趣的对象，而是要找一个能够与自己好好进行性聊天的对象。

提问 10
几岁开始可以做爱？

　　我不认为做爱要像选举一样，需要定一个可以参与的年龄。若说有，那我认为一定是一个可以负责的年龄，即最好是一个能够充分行使性自主决定权的年龄。另外，由于性关系是两个人的事情，所以只有在满足上述条件并获得彼此同意的情况下方可进行。

　　不过，即便双方都同意，性爱也不是立马就可以展开的事情，它需要一个调整、准备的阶段。例如，我们需要做如下几种准备：

　　首先是对场所和时间的准备，即需要挑选一个能够安稳地享受二人世界的地方。另外，还要定下一个"性爱日"。

　　尤其第一次发生性关系的时候，人们往往都对它抱有美好的幻想。例如，在一家高档酒店准备好烛光晚餐，穿着某种品牌的内衣，等等。总之，如果拥有这样的幻想，一定要尽最大的努力去实现它。说不定准备它的过程更能让你们感受到浪漫和愉快。

其次，要做好避孕的准备。双方不但要了解各种避孕方法，还要想好不慎怀孕之后的对策。

当时，我告诉一个孩子，只有将这些都准备好，才可以发生性关系，结果那个孩子叹息说："唉，那得什么时候才能准备好！我看我这辈子都没希望了。"说到底，性关系并不是年龄到了就可以胡乱进行的，而是要做好充分的准备之后才可以发生。若是没有做好准备，哪怕是成年人也不应该发生性关系。因此，我会对这些唉声叹气的孩子们说："做爱并不是越快越好。如果没有做好准备，肯定是越晚越好。若是想要快一点实现这一目标，你就应该更加认真地学习性知识。"

提问 11
可以使用避孕套之外的
其他避孕方法吗？

　　避孕套并非唯一的避孕方法。除了使用避孕套，其实还有很多避孕方法。

　　首先有女性使用的口服避孕药，也就是所谓的短效避孕药、事前避孕药。其原理是调整体内的激素分泌，从而扼制排卵。选择口服避孕药避孕必须跳过生理期每天服用一次，然后停药一段时间，再继续服用。发生性关系之前服用避孕药是没有任何效果的。口服避孕药不是处方药，所以在任何一家药店都能购买得到。

　　紧急避孕药，也称事后避孕药，是发生性关系之后服用的避孕药。其原理是防止受精卵着床。在韩国，紧急避孕药属于处方药，必须要有医生开具的处方才能购买。

　　宫内节育器是放入女性子宫腔内的一种避孕装置，也被称为节育环。宫内节育器呈 T 字形，常见的材质为塑料或铜等。其原理是阻止精子接触到输卵管，从而无法受精。节育环无法自行放置，必须要到妇产科接受手术。

就像这样，除了避孕套之外，还有很多其他避孕方法，但我们之所以提倡使用避孕套避孕其实是有理由的。其他避孕方法过程复杂、费用高昂，甚至还有可能对女性的身体产生副作用。相比之下，避孕套使用方便、没有副作用，而且还很容易购买。不同于烟酒，避孕套是青少年也能自由购买的物品。

有些人认为避孕套的避孕成功率不高，但事实上，这样的情况都是没有遵守它的正确使用方法所致。例如，重复使用一枚避孕套、射精之后没有马上抽出避孕套，等等。若是遵守正确的使用方法，避孕套的避孕成功率反而是最高的。

然而，一些男性觉得避孕套会降低性快感，所以很忌讳使用避孕套。他们还说不戴避孕套更能让女性感受到快感，不过，这些都是借口。抱着有可能怀孕的不安感所发生的性关系会有多愉快？如果无视这一点，那就等于男性将怀孕的责任都推卸给了女性。想要与女性发生性关系，男性最先需要准备的东西就是避孕套。

提问 12
是不是不在体内射精就不会怀孕？

　　体外射精的怀孕率确实比体内射精的怀孕率要低。于是，很多孩子从周边或网上接触到"没必要一定带避孕套。体外射精就不会怀孕"等流言就信以为真，认为只要不在体内射精就不会怀孕。

　　然而，怀孕只要成功一次就会引发极大的后果。曾经有一些体外射精却意外导致女朋友怀孕的青少年们六神无主地找我咨询过问题。这些事实告诉我们，体外射精根本无法称之为避孕。因为男性生殖器会分泌出考珀液，也就是尿道球腺液。

　　美国一个名叫考珀的人发现了它，所以它被命名为考珀液。简单来说，考珀液是男性生殖器分泌的一种类似于"润滑剂"的东西。当男性的阴茎受到刺激而兴奋时，尿道会流出一种透明无色的黏稠状液体。例如，男性在自慰时经常能看到尿道里流出一种透明的液体，而它就是所谓的考珀液。

考珀液的作用很大。除了在性关系中起到润滑剂的作用之外，还会给尿道和输精管进行消毒，使得更多的精子能够存活下来。另外，它还能让精子经过的道路变得更加柔和。

然而，考珀液当中也含有 100-300 个健康精子。这些精子的数量虽然很少，但相比其他精子，它们的活动性更大，也更加健康，所以不能排除导致怀孕的可能性。

另外，在做爱的途中戴上避孕套的行为也很危险。因为戴上避孕套之前，考珀液早已经流了出来。插入之前戴上避孕套才是安全的避孕方法。

依赖体外射精等不安全的避孕方法会导致性关系变得不安和不和谐。对怀孕的恐惧心理会使女性在性爱途中和性爱结束后，精神一直处于不安的状态。我们要记住，虽然避孕套会影响些许性快感，但只有安全的避孕方法才能让双方建立负责的性关系。

提问 13

女性第一次发生性关系时会流血吗？

　　提出这样的问题，说明这个人指的其实就是有关处女膜的问题。长久以来，女性一直被要求在结婚之前保持完璧之身。因为她们要作为完好无缺的"处女商品"转交给丈夫。如果是提前破身，她们就会被视为是家族的耻辱。

　　如今，这种文化相比以前得到很大的削弱，但仍然有很多男孩希望自己的女朋友或妻子是处女，至少他们希望自己能够确认一下对方是不是处女。

　　然而在我看来，"处女膜"这一词本身就是错误的用词。首先，"膜"这种表达方式很容易让人产生误会，让人不由自主地联想起一层膜堵着阴道的场景。倘若真是这样的情景，月经又如何能够流出阴道呢？若是月经不能流出体外，女人的身体肯定会出现问题。

因此，在女性的阴道里并不存在"膜"这种东西。

众所周知，人的身体里包含着很多肌肉。长在阴道里的肌肉，我们称之为"阴道肌肉"。阴道肌肉平时处于关闭状态，但会在三种情况下打开：首先是生理期，其次是生孩子的时候，最后是发生性关系的时候。不过，阴道肌肉并不会在刚开始做爱时就瞬间打开，而是会在爱抚的过程中，当阴道里分泌液体变得湿润之后，才渐渐打开。

那么，我们所说的处女膜破裂而流出的血液究竟是什么呢？那其实就是在性关系的途中，阴道受伤而流出的血液。一句话来说就是错误的插入方式导致的后果，即男女第一次发生性关系的时候，不但女性生疏，男性也可能会冒失，因此才会出现这样的结果。每一对情侣发生性关系时的情况都存在一定的差异。例如，第一次发生性关系时，有些女性就不出血；而有些女性则是过几天才出血；甚至，还有一些女性是在第二次做爱时才出血，因此根据出不出血来判断是否有过性经历是不准确的。

如果在性关系过程中，男性导致女性阴道出血，那他反而应该做出反省。毕竟是他的操作不当导致了女性受伤。总而言之，男性在做爱的时候一定要以安全的方式插入。

我个人提议，人们要给"处女膜"更换其他名称。我认为"阴道皱纹"就比较合适，意思就是长在阴道里的皱纹。所有的称呼都不是固定的，它们会随着时代的变迁不断发生转变。我也希望这种方式能够让施加于女性和男性身上的双重标准得到改正。

提问 14
想和女朋友接吻

　　青春期孩子拥有的性幻想中最具代表性的就是"接吻"。很多孩子在恋爱的时候不奢望能够与情侣发生性关系，但很期待能够与女朋友接吻。

　　我认为接吻技巧是有必要提前学习的东西，毕竟接吻也是传达感情的手段之一。不过，我说的学习并不是指学习如何摆好角度、怎么使用舌头之类的技巧，而是指学习接吻的相关礼仪。

　　最重要的接吻礼仪只有一个，那就是事先获得对方的同意。我发现很多人都对强吻别人的行为抱有一定的幻想。在他们看来，男人粗暴地强吻女人是一种示爱的方式，而且认为这是一种表现出男性魅力的手段。实际上，很多电影、电视连续剧、音乐短片中经常会出现这样的场景。

　　然而对于女人来说，强制接吻不但是一种让人感到荒唐和不快的行为，更是一种猥亵。"只是因为喜欢你才这样"等借口并不能将这种行为的本质合理化，这样的发言无异于对被害者施加二次伤害。

每当听到这样的解释，孩子们就会反问我："什么？那就是说每次想要接吻的时候都要询问对方一遍喽""每次都询问会不会破坏气氛？女孩子们会不会嫌弃我缺乏男子气概"。我希望无论是男性还是女性，都能将寻求接吻的话和过程视为一种浪漫。若是觉得此次询问的方式太过丢人，则完全可以改用其他方法。外国就有一种叫作"九比一法则"的方法。

所谓的"九比一法则"就是当一个人想要亲吻对方时，靠近90%的接吻距离就停下来，然后将剩下的10%距离交给对方来决定。如果对方选择缩短这个距离，说明对方答应了他的接吻请求；如果对方无动于衷，则意味着对方拒绝接吻。这个方法不但适用于接吻，还适用于其他亲密举动。"九比一法则"并不是指一定要将距离准确地划分为九比一，而是指先表明自己的心意，剩下的则交给对方做出判断，若是对方表示拒绝就不再反复要求。

另外，不能因为同意接吻就认为对方允许你做出其他亲密举动。没有经过允许的亲密举动最终会转变为性骚扰，甚至是性暴力。同意接吻意味着只同意接吻的行为，若是渴望更深入的身体交流，则必须对此寻求同意。若是你有"怎么可以一一询问呢？这不是明摆着破坏气氛吗"的想法，那么请你想起"九比一法则"。

接吻的时候，要先获得对方的同意，同时也要顾及对方的感受。接吻是彼此喜欢而分享快乐的行为，但只顾自己感受的接吻行为不仅不会给对方带来快感，反而会带来羞耻、不快的情绪。只要仔细观察对方的反应，小心地去尝试，最终一定能够找出双方都很愉快的接吻方式。

提问 15
女人的生理究竟是什么东西？

　　要问女性和男性最大的不同，那肯定是与怀孕、生产、哺乳等有关的东西。在经历初潮后，女孩子的这些特点就开始渐渐凸显出来。而看到发生在女孩身上的变化，男孩们的好奇心理也会发动起来。

　　然而，我在交谈的过程中发现，他们其实对女孩的生理情况并不是很了解。虽然在上生物课或接受性教育的时候接触过一些内容，大致知道是什么情况，但他们并不清楚生理给女孩带来的影响。提出这种问题的人，说明他至少多少懂一点，但也有一些男生对此从不关心，甚至不满地说："不就是月经吗？是不是有点小题大做了？"

　　于是，我要求男孩们体验一下戴卫生巾的感觉。即像女性使用时那样，让他们将卫生巾粘在内裤里面。

起初男孩很不理解这样的做法，推脱说"真荒唐""太尴尬了"。于是，我先让他们用手触摸一下卫生巾。摸过之后，孩子们纷纷感叹说"我就在电视上看过，头一次看到实物""比想象中要柔软"。

　　之后，我让男孩们试戴一下卫生巾。男孩们从准备穿戴卫生巾的行为开始就和女孩有很大的不同。女孩上卫生间穿戴卫生巾的时候大都会小心翼翼，唯恐被别人看到，但男孩们却没有这样的顾虑，大多大大方方地直接拿在手里走进卫生间。其实要知道，女孩穿戴卫生巾也没必要遮遮掩掩，这一点是我需要跟女孩们好好谈谈的部分。

　　就这样，我让男孩们穿戴卫生巾度过两三个小时，然后依次询问他们的感受。孩子们回答说感觉有点奇怪，还有点神奇。尤其坐下的时候感觉很微妙，有点尴尬、有点烦闷。另外，他们还说坐着的时候没有感觉到什么，但一旦走路，生殖器周边就痒痒的、很不舒服。也有一些孩子说，不想再体验这种感觉。其中，一些孩子尝试着在穿戴卫生巾的情况下睡觉，但据说由于总是会意识到卫生巾的存在，所以辗转反侧好不容易才入睡。

　　就像这样，在穿戴卫生巾的过程中，每个人的感受都千差万别，但唯有一点是相同的，那就是都会觉得不方便。我告诉他们："你们要知道，女孩每个月穿戴卫生巾的时间可不像你们一样只有几个小时，而是有整整 3-8 天的时间。"直到此时，孩子们才恍然大悟，纷纷表示能够理解为什么女孩们在生理期会感到不便、情绪上也会有起伏。

虽然这是我使用的方法，但并不是说所有的性教育中都要采用这样的方法。重要的是男孩需要真正地去了解女性的身体，而不是只停留在理论上了解的阶段。因为只有这样，他们才有可能真正理解女性的难处。

提问 16
我是不是遭遇了性暴力？

　　在学校进行性教育或提供相关咨询服务时，一些孩子往往会将自己经历过的事情讲给我听，然后向我询问自己是不是遭遇了性暴力。其中，大部分都是女孩，但男孩的数量也不在少数。面对这种情况，男孩反而会变得比女孩更加谨慎，唯恐自己的事情被别人知道。

　　他们的情况多半是自己认识的大哥哥或邻居家的叔叔摸了自己的生殖器，不然就是那些大哥哥或叔叔用生殖器碰了自己等情况。事件中的加害者有很多：有的是学校老师或学院老师，有的则是同龄的朋友，甚至还有认识的成人女性。原本他们都没有意识到问题的严重性，直到接受过性教育之后才明白自己遭遇了性暴力的事实。

　　对于这些孩子，我首先会称赞他们的勇气，然后跟他们聊一聊，尽量说服他们接受性暴力心理治疗。即使没有察觉到是性暴力，也有可能会因此而引发社交恐惧症、忧郁症等不同程度的心理障碍，即所谓的创伤后应激障碍。

情节严重的时候，孩子需要报警举报加害者。当然，这种事情一定要慎重考虑。另外，如果事情经过的时间太长，很有可能会找不到物证或人证，导致调查过程中给孩子带来很大的压力，因此最好是与孩子父母及儿童性暴力相关机构的专家商量好之后再决定是否要举报加害者。

即使是男孩也无法保证不会受到性暴力的伤害，更无法保证他们受到的伤害比女孩轻。我们的社会有必要关注男孩们遭遇性暴力的经历。

提问 17

我当时摸她的时候，她没有反抗，现在却说我猥亵她

在学校，孩子们之间偶尔也会发生猥亵事件。当遇到这些孩子后，我发现他们不少都感到自己很委屈。他们会抱怨说："我摸她的时候，她也没有反抗啊。当时，她若是反抗，我也不会对她怎么样，但她没有反抗啊。后来，她就举报我。我不能理解她是怎么想的。真的全是我的错吗？难道她就没有错吗？"

事实上，这样的反应并不只是孩子身上才会有，可以说很多人都是如此看待性暴力事件的。很多人都疑惑："为什么之前没报警，直至今日才跳出来喊冤叫屈？"甚至，还有人主张："谁叫你当初没反抗，你自己也有一定的责任。"

这种观念无疑是在对性暴力被害者实施"刻板印象威胁"。遭遇性暴力的时候必须顽强反抗，而且要马上举报，若不然就算不上

被害者。这就是他的逻辑，须知，这是一种针对被害者的偏见。

当场做出反抗，表明拒绝意识的被害者确实存在，但也有很多被害者做不到这一点。有可能是他已被吓得身体僵直，有可能是因为顾及到与加害者之间的关系而无法做出判断，也有可能是出于其他理由，但无论出于什么原因没能反抗，其实都不重要。重要的是被害者受到了伤害，这一点毋庸置疑。

因此，我会对孩子们强调这一点：亲密的举动只能在对方同意的情况下做，而不能在对方不拒绝的情况下做。因为对方很有可能不是不拒绝，而是"没法"拒绝。求得对方的同意是对待性自主决定权的基本礼仪。

提问 18
朋友们嘲笑我像女孩

　　男孩当中，一些体格弱小、性格胆小、内向、安静的孩子，有可能会被其他孩子视作"娘娘腔"。他们经常听到的一句话就是"身为男孩，怎么一副娘里娘气的样子"。此外，喜欢做料理、收集玩偶、刺十字绣等拥有女性化趣味的男孩也很容易被冠上这样的称呼。

　　可以确定的是，这种讽刺性质的发言俨然属于贬低别人的用语。因为这些话中包含"女性不如男性"的含义，这就等于先以"男人就应该这样"的方式设定好特定的男性形象，然后若是有人不符合这种形象，就向他传递"你是劣等男人，所以跟女人无异"的信息。

　　没有必要让自己迎合"男人就该这样""女人就该这样"的标准。这是对性别的歧视，是老掉牙的陈旧观念。女性中也有很多性格外向、体格健壮的人，而拥有所谓的男性化趣味的人也不在少数。起初将各种各样的人以男女两种框架区分，本身就是错误的观念。

也许有人会说，男性大部分都是这种性情，女性大部分也是那种性情。我并不是要否定这些事实，但我们不应该因一个人不符合这些性情就认为他们（她们）算不上男人（女人）。更何况，这些性情有些并不是天生的，而是在受到社会影响后形成的。

一个人很难忽视周围人的评价，青春期的孩子们更是如此。但哪怕是这样，也要相信自己、努力发扬自己的个性，而不是想着将固有的观念硬套在自己身上。

提问 19
朋友之间的贬低发言也成问题吗？

在给男孩们上性教育课的时候，我尤其强调绝不能对女性、残疾人士及性少数群体发表贬低对方和带有性骚扰性质的评论。对于承受这些话的人来说，无疑是一种巨大的伤害和痛苦。

对此，有些孩子就问我："朋友之间相互'损'几句是不是问题不大？""朋友之间开个玩笑都不行吗？"

从结论上来说，这么做肯定是不行的。最近，韩国几所大学都出现过男学生在聊天群里向女学生开黄色玩笑进行贬低的所谓的"聊天群性骚扰事件"。这些男学生最终都受到来自学校的勒令退学、停课反省等处分。

其实，无论是在聊天群里还是在个人聊天中，只要是在网上发表过的话都会被当作公开发言。因为这些发言都有可能向外界传播。在聊天群调戏其他女生的时候，这些男同学没有想过自己说过的话会被外人知晓。然而无论是外部人的探查也好，内部人的告发也罢，总之他们说过的话最终都被世人们所知晓，而他们也会得到应有的惩罚。

当然，更多的情况是不会被外人所知晓，事情也是不了了之的。毕竟，网上说过的话还有迹可循，但现实中的聊天却很难留下证据。

但是不能因为不被当事人知晓，就认为可以口不择言、肆意贬低别人。贬低别人的行为可以说与一个人的人生观有着直接的关联。一个喜欢贬低别人的人是否能够尊重他人呢？哪怕是为了自己着想，我们也应该禁止说出贬低别人的话。